LA EMPRESA EN LA SOCIEDAD QUE VIENE

Peter F. Drucker

La empresa en la sociedad que viene

Los seis factores que están transformando al mundo que conocemos

EMPRESA ACTIVA

Argentina - Chile - Colombia - España
Estados Unidos - México - Uruguay - Venezuela

Título original: *Managing in the Next Society*
Editor original: Truman Talley Books / St. Martin's Press, Nueva York
Traducción: María Isabel Merino

Aribau, 142, pral.
08036 Barcelona
www.empresaactiva.com
www.edicionesurano.com

ISBN: 84-95787-43-1
Depósito legal: M - 14.284 - 2003

Fotocomposición: Ediciones Urano S.A.
Impreso por Mateu Cromo Artes Gráficas, S. A.
Ctra. de Fuenlabrada, s/n. 28320 Madrid

Impreso en España - *Printed in Spain*

Índice

Cuarta parte: La sociedad que viene

Prefacio

Una vez creí en una Nueva Economía. Era el año 1929 y tenía un empleo en prácticas en la sede central en Europa de una importante firma de Wall Street. Mi jefe, el economista de la firma para Europa, estaba convencido de que el *boom* de Wall Street duraría eternamente y escribió un libro brillante titulado *Investment* para demostrar de forma «concluyente» que comprar acciones ordinarias norteamericanas era el único medio absolutamente infalible de hacerse rico rápidamente. Como yo era el aprendiz más joven de la firma —aún no había cumplido los veinte años— me reclutaron para ser el ayudante de investigación de mi jefe, además de corrector de pruebas y elaborador del índice de su libro. La obra se publicó dos días antes del *crash* de la Bolsa de Nueva York y desapareció sin dejar rastro. Pocos días después, mi empleo seguía el mismo camino.

Así que, cuando setenta años después, a mediados de la década de 1990, se hablaba tanto de la Nueva Economía y del eterno *boom* del mercado bursátil, yo ya estaba de vuelta de todo eso. Los términos que se usaban en los noventa eran, por supuesto, diferentes de los de los años veinte; en aquel entonces hablábamos de «prosperidad permanente» y no de una Nueva Economía. Pero los términos eran lo único diferente; todo lo demás, los argumentos, la lógica, las predicciones, la retórica, eran prácticamente los mismos.

Sin embargo, en el momento en que todo el mundo empezó a hablar de la Nueva Economía, me di cuenta de que la sociedad estaba cambiando y lo hacía cada vez más según avanzaba la década. Estaba cambiando de forma fundamental y no sólo en los países desarrollados, sino también, y quizás en mayor medida, en los países en vías de desarrollo. La Revolución de la Información era sólo uno de los factores y, tal vez, ni siquiera el más poderoso. La demografía era, por lo menos, igual de importante, sobre todo la tasa de natalidad de los países desarrollados y en vías de desarrollo, que bajaba a un ritmo constante, con el resultado de una rápida disminución en el número y proporción de jóvenes y en el índice de formación de familias. Y mientras que la Revolución de la Información no era sino la culminación de una tendencia que llevaba más de un siglo en marcha, la disminución de la población joven era un cambio radical y sin precedentes. Pero hay también otro cambio radical, el constante declive de la industria como proveedora de riqueza y puestos de trabajo, hasta el punto de que, en los países desarrollados, está llegando a ser marginal económicamente pero, al mismo tiempo, en una aparente paradoja, ganando todavía más poder políticamente. Y está —de nuevo algo sin precedentes— la transformación de la fuerza laboral y su fragmentación.

Estos cambios, unidos a las repercusiones sociales de la Revolución de la Información, son los temas principales de este libro, y son cambios que ya se han producido. La sociedad que viene ya está aquí y de forma irreversible.

Algunos de los capítulos de este libro tratan de los temas tradicionales de la «gestión», otros no. Y ninguno trata de los «remedios para todo», esas herramientas y técnicas que se afirma que son «infalibles» y que proporcionaron buena parte de la sustancia de tantos *best sellers* del mundo de los negocios de los años ochenta y noventa. Sin embargo, éste es un libro dirigido a los ejecutivos y, muy especialmente, un libro sobre gestión. Porque la tesis subyacente en todos sus capítulos es que los importantes cambios sociales que están forjando la sociedad que viene dominarán la tarea de los ejecutivos durante los próximos diez o quince años, quizás incluso más tiempo. Serán las principales amenazas y las principales oportunidades para cualquier organización, grande o pequeña, de negocios o sin ánimo de lucro, americana, del norte y del sur, europea, asiática, australiana. La tesis que sustenta cada capítulo de este libro es que los cambios sociales pueden ser más importantes para el éxito o fracaso de una organización y de sus ejecutivos que el devenir económico.

Durante medio siglo, desde 1950 hasta la década de 1990, las empresas del mundo libre, no comunista, y sus ejecutivos, podían dar por sentada la forma de la sociedad, y así lo hacían. Había cambios tecnológicos y económicos rápidos y profundos, pero la sociedad era un factor muy conocido. Sin ninguna duda, los cambios tecnológicos y económicos continuarán. En realidad, las páginas finales de este libro —la sección «El camino que tenemos por delante», en la Cuarta parte— defienden que nos esperan tecnologías nuevas e importantes y que la mayoría de ellas, muy probablemente, no tendrán nada, o tendrán poco que ver con la información. Pero para poder explotar estos cambios como oportunidades tanto para las empresas como para las organizaciones no lucrativas —ya sean grandes o pequeñas— los ejecutivos tendrán que comprender la realidad de la sociedad que viene y basar su política y sus estrategias en ella.

Ayudarles a hacerlo, ayudarles a gestionar su empresa con éxito en la sociedad que viene, es el propósito de esta obra.

Todos los capítulos del libro fueron escritos antes de los ataques terroristas en Estados Unidos, en septiembre del 2001. En realidad, todos, excepto dos de ellos (los capítulos 8 y 15), fueron publicados antes de esa fecha[1], y no se ha hecho ningún intento de modificarlos. Excepto por unos pocos y pequeños cortes y correcciones de errores tipográficos y ortográficos (y, en algunos casos, un cambio en el título para devolverle el mío original), cada capítulo se publica ahora igual que apareció originalmente. Esto significa, específicamente, que «hace tres años» en un capítulo que apareció en 1999 se refiere al año 1996; una frase del mismo capítulo que dice «dentro de tres años» se refiere al año 2002. Esto permitirá, también, que el lector juzgue si las previsiones y los pronósticos del autor se han hecho realidad o se han visto refutados por los acontecimientos.

Los ataques terroristas de septiembre del 2001 tendrían que hacer que este libro fuera aún más relevante para el ejecutivo e incluso más oportuno. Los terroristas y la reacción de Estados Unidos han cambiado profundamente la política mundial. Está claro que nos enfrentamos a años de desórdenes mundiales, especialmente en Oriente Próximo.

1. El año de la primera publicación aparece al final de cada capítulo.

Pero en un periodo de inquietud y cambios rápidos como el que ciertamente encaramos, no basta con ser listo para tener éxito en la gestión. La administración de una organización, trátese de un negocio, una universidad o un hospital, tiene que descansar sobre unas tendencias básicas y predecibles y perdurables, cualesquiera que sean los titulares del día. Es preciso aprovecharlas como oportunidades. Y esas tendencias básicas son la aparición de la sociedad que viene y sus características nuevas y sin precedentes, especialmente en lo que se refiere a la disminución global de la población joven y la aparición de la nueva fuerza laboral, al constante declive de la industria manufacturera como productora de riqueza y empleo y a los cambios en la forma, la estructura y la función de la corporación y de su cúpula directiva. En tiempos de enorme incertidumbre y de sorpresas impredecibles, ni siquiera basar nuestra estrategia y nuestra política en esas tendencias básicas e inalterables nos garantiza el éxito de forma automática. Pero el no hacerlo, es una garantía segura de fracaso.

Peter F. Drucker
Claremont, California
Pascua Florida 2002

PRIMERA PARTE
LA SOCIEDAD DE LA INFORMACIÓN

1. Más allá de la Revolución de la Información

El efecto auténticamente revolucionario de la Revolución de la Información se está empezando a percibir justo ahora. Pero no es la «información» lo que alimenta ese efecto. No es la «inteligencia artificial». No es el efecto de los ordenadores y el procesamiento de datos en la toma de decisiones, en la elaboración de la política o en la estrategia. Es algo que prácticamente nadie preveía; es más, de lo que ni siquiera se hablaba hace diez o quince años: el comercio electrónico; es decir la explosiva aparición de Internet como importante canal de distribución mundial, quizás el más importante, para mercancías, servicios y, sorprendentemente, para empleos directivos y profesionales. Es algo que está cambiando profundamente la economía, el mercado y las estructuras de la industria; los productos y su circulación; la segmentación del consumo, los valores del consumidor y su conducta; el empleo y los mercados laborales. Pero el efecto puede ser incluso mayor en la sociedad y en la política y, sobre todo, en la forma en que vemos el mundo y nos vemos en él.

Al mismo tiempo, no hay duda de que surgirán industrias nuevas e inesperadas y lo harán rápidamente. Una ya está aquí: la biotecnología. Y otra: la piscicultura. En los próximos cincuenta años, las piscifactorías pueden transformarnos de cazadores y recolectores de los mares en «expertos en el pastoreo marino»; del mismo modo que, hace unos diez mil años, una innovación similar cambió a nuestros antepasados de cazadores y recolectores de la tierra en expertos en agricultura y pastoreo.

Es probable que otras tecnologías nuevas aparezcan de súbito y que conduzcan a industrias nuevas e importantes. Es imposible adivinar siquiera qué pueden ser. Pero es muy probable, es más, casi seguro, que aparecerán y muy pronto. Y es casi seguro que pocas de ellas, y pocas industrias basadas en ellas, saldrán de los ordenadores o de la tecnología de la información. Al igual que la biotecnología y la piscicultura, cada una nacerá de su propia e inesperada tecnología.

Por supuesto, esto son sólo predicciones, pero están hechas sobre el supuesto de que la Revolución de la Información evolucionará como otras varias «revoluciones» anteriores, basadas en la tecnología, lo han hecho durante los últimos quinientos años, desde la revolución de la imprenta de Gutemberg, alrededor de 1455. En concreto, se supone que la Revolución de la Información será como la Revolución Industrial de finales del siglo XVIII y principios del XIX. Y eso es realmente lo que ha sucedido durante sus primeros cincuenta años.

El ferrocarril

La Revolución de la Información está ahora en el punto donde estaba la Revolución Industrial a principios de la década de 1820, unos cuarenta años después de que la máquina de vapor perfeccionada de James Watt (instalada en 1776), se aplicara por vez primera, en 1785, a una operación industrial; la hilatura de algodón. Y la máquina de vapor fue para la Revolución Industrial lo que el ordenador ha sido para la Revolución de la Información, su desencadenante, pero sobre todo su símbolo. Hoy casi todo el mundo cree que nada en la historia económica se ha movido nunca tan rápido ni ha tenido un impacto igual al de la Revolución de la Información. Pero la Revolución Industrial se movió por lo menos igual de rápido en el mismo espacio de tiempo y, probablemente, tuvo un impacto igual o acaso mayor. En muy poco tiempo se mecanizó la enorme mayoría de los procesos de fabricación, empezando por el producto industrial básico más importante de los siglos XVIII y XIX, los textiles. La Ley de Moore afirma que el precio del elemento básico de la Revolución de la Información, el *microchip*, baja un 50% cada dieciocho meses. Lo mismo sucedió con los productos cuya fabricación se mecanizó en la primera Revolución Industrial. El precio de los tejidos de algodón cayó en un 90% en los cincuenta años que abarcan el principio del siglo XVIII. Sólo en Gran Bretaña, durante ese mismo periodo, la producción de tejidos de algodón se multiplicó por 150. Y aunque los tejidos fueron el producto más visible de sus primeros años, la Revolución Industrial mecanizó la producción de prácticamente todos los bienes más importantes, como el papel, el vidrio, la piel y los ladrillos. Su efecto no quedó confinado en modo alguno a los bienes de consumo. La fabricación de hierro y de los productos del hierro —por ejemplo, el cable— se mecanizó y funcionó a vapor tan rápidamente como la de los tejidos, con los mismos efectos en coste, precio y producción. Hacia el final de las Guerras Napoleónicas, en toda Europa, las fábricas de cañones funcionaban a vapor; los cañones se hacían entre diez y veinte veces más rápido que antes y su coste se redujo en más de dos tercios. Para entonces, Eli Whitney había mecanizado igualmente la fabricación de mosquetes en Estados Unidos y creado la primera industria de producción a gran escala.

Esos cuarenta o cincuenta años dieron origen a la fábrica y a la «clase obrera». Ambas eran todavía tan escasas en número a mediados de 1820, incluso en Inglaterra, que resultaban insignificantes estadísticamente, pero dominaban psicológicamente (y pronto lo harían también políticamente). Antes de que hubiera fábricas en Estados Unidos, Alexander Hamilton previó un país industrializado en su *Report on Manufactures*, publicado en 1791. Una década más tarde, en 1803, un economista francés, Jean-Baptiste Say, vio que la Revolución Industrial había cambiado la economía al engendrar al «empresario».

Las consecuencias sociales fueron mucho más allá de la fábrica y la clase obrera. Como ha señalado el historiador Paul Johnson en *A History of the American People* (1997), fue el crecimiento explosivo de la industria textil, basada en la máquina de vapor, lo que resucitó la esclavitud. Considerada prácticamente muerta por los Fundadores de la República Norteamericana, la esclavitud volvió tronante a la vida cuando la limpiadora de algodón, pronto movida a vapor, creó una enorme demanda de mano de obra barata y convirtió la reproducción de los esclavos en la industria más rentable de Estados Unidos durante décadas.

La Revolución Industrial también tuvo un enorme impacto en la familia. La familia nuclear era la unidad de producción desde hacía mucho tiempo. Tanto en la granja como en el taller del artesano, marido, mujer e hijos trabajaban juntos. La fábrica, casi por vez primera en la historia, sacó al trabajador y el trabajo de la casa y se los llevó al lugar de trabajo, dejando atrás a los demás miembros de la familia, fueran los cónyuges de los obreros fabriles adultos o, especialmente, en las etapas iniciales, los padres de los niños obreros.

En realidad, la «crisis de la familia» no empezó después de la Segunda Guerra Mundial. Empezó con la Revolución Industrial y fue, de hecho, una preocupación usual de quienes se oponían a ella y al sistema fabril. (La mejor descripción del divorcio entre trabajo y familia y de su efecto en ambos, es probablemente la hecha en 1854 por Charles Dickens, en su novela *Hard Times* [*Tiempos Difíciles*]).

Pero pese a todos estos efectos, la Revolución Industrial en su primer medio siglo sólo mecanizó la producción de bienes que ya existían. Aumentó tremendamente la producción y redujo a límites increíbles el coste. Creó tanto consumidores como productos de consumo. Pero los productos mismos ya hacía tiempo que existían. Y los hechos en las nuevas fábricas sólo se diferenciaban de los tradicionales en que eran uniformes y tenían menos defectos que los elaborados por cualquier artesano, salvo los mejores, en los periodos anteriores.

Sólo hubo una única e importante excepción, un único producto nuevo: el barco a vapor, que Robert Fulton hizo viable por vez primera en 1807. Tuvo un escaso impacto hasta treinta o cuarenta años más tarde. En realidad, hasta casi el final del siglo XIX se transportó más carga por los océanos del mundo en veleros que en barcos a vapor.

Luego, en 1829, llegó el ferrocarril, un producto verdaderamente sin precedentes, y cambió para siempre la economía, la sociedad y la política.

En retrospectiva, es difícil imaginar por qué tardó tanto en inventarse el ferrocarril. Hacía ya mucho tiempo que en las minas de carbón había raíles para mover las vagonetas. ¿Qué podía ser más obvio que dotar de una máquina a vapor a una vagoneta para impulsarla, en lugar de que la tuvieran que empujar los hombres o tirar de ella los caballos? Pero el ferrocarril no surgió de las vagonetas de las minas. Fue ideado de una forma totalmente independiente. Y no se pensó para transportar carga. Al contrario, durante mucho tiempo se vio sólo como un medio para transportar pasajeros. En Estados Unidos, los ferrocarriles se convirtieron en transportes de carga treinta años más tarde. (De hecho, incluso en las décadas de 1870 y 1880, los ingenieros británicos contratados para construir los ferrocarriles del recién occidentalizado Japón los diseñaron para llevar pasajeros... y aun hoy, los ferrocarriles japoneses siguen sin estar equipados para transportar mercancías.) Pero hasta el momento en que el primer ferrocarril empezó a funcionar, nadie, prácticamente, lo había previsto.

No obstante, en el espacio de cinco años, el mundo occidental fue testigo del mayor y más rápido crecimiento nunca visto en la historia; la expansión del ferrocarril. Marcado por los más espectaculares descalabros de la historia económica, el auge continuó en Europa durante treinta años, hasta finales de la década de 1850, para cuya fecha se había construido la mayoría de los principales ferrocarriles que existen hoy. En Estados Unidos, la expansión continuó otros treinta años y en zonas remotas —Argentina, Brasil, la Rusia asiática, China—, hasta la Primera Guerra Mundial.

El ferrocarril fue el elemento auténticamente revolucionario de la Revolución Industrial, ya que no sólo creo una nueva dimensión económica, sino que, además, cambió rápidamente lo que yo llamaría la *geografía mental*. Por vez primera en la historia, los seres humanos disfrutaban de una auténtica movilidad. Por vez primera, los horizontes de la gente corriente se ensanchaban. Los contemporáneos comprendieron inmediatamente que se había producido un cambio fundamental de mentalidad. (Se puede encontrar un buen relato de este cambio en *Middlemarch,* novela escrita por George Eliot en 1871, que es, sin duda, el mejor retrato de la sociedad en transición de la Revolución Industrial.) Como señaló el gran historiador francés Fernand Braudel en su última obra importante, *The Identity of France* (1986), fue el ferrocarril lo que convirtió a Francia en una única nación y una única cultura. Anteriormente, había sido un cúmulo de regiones autónomas, unidas sólo políticamente. Y el papel del ferrocarril en la creación del Oeste norteamericano es, por supuesto, algo bien conocido en la historia de Estados Unidos.

La rutina se impone

Al igual que sucedió con la Revolución Industrial hace dos siglos, hasta ahora —es decir, desde los primeros ordenadores, a mediados de la década de 1940 hasta este momento— la Revolución de la Información sólo ha transformado unos sistemas que ya existían. En realidad, su verdadero impacto no ha sido, en absoluto, en forma de «información». No se ha producido casi ninguno de los efectos de la información imaginados hace cuarenta años. Por ejemplo, no ha habido prácticamente cambio alguno en la forma de tomar decisiones importantes en los negocios o el gobierno. Pero la Revolución de la Información ha vuelto *rutinarios* los *procesos* tradicionales de una serie incalculable de sectores.

El *software* para afinar un piano convierte un proceso que, tradicionalmente, exigía tres horas en otro que sólo necesita veinte minutos. Hay *software* para nóminas, para control de inventarios, para programas de entrega de productos y para todos los trámites ordinarios de una empresa. Dibujar la disposición interior (calefacción, suministro de agua, desagües, etcétera) de un gran edificio, por ejemplo, una prisión o un hospital, antes requería que, digamos, veinticinco delineantes muy especializados trabajaran durante cincuenta días; ahora hay un programa que permite que un único delineante haga el trabajo en un par de días, por un coste muy inferior. Hay *software* para ayudarnos a hacer nuestras declaraciones de la renta y *software* que enseña a los médicos residentes de los hospitales cómo extirpar una vesícula biliar. Las personas que ahora especulan en la bolsa on line hacen exactamente lo mismo que sus predecesores hacían en los años veinte, pero ellos pasaban horas cada día en el despacho de un agente de bolsa. Los procesos no han cambiado en absoluto. Se han vuelto rutinarios, paso a paso, con un tremendo ahorro de tiempo y, con frecuencia, de coste.

El efecto psicológico de la Revolución de la Información, igual que el de la Revolución Industrial, ha sido enorme. Quizá ha sido máximo en la forma en que aprenden los niños. Desde la edad de cuatro años (a menudo, antes), los niños adquieren con gran rapidez conocimientos de informática, superando pronto a sus mayores; los ordenadores son sus juguetes y sus útiles de aprendizaje. Dentro de cincuenta años, quizá lleguemos a la conclusión de que no había ninguna «crisis en la educación estadounidense» en los años finales del siglo XX; sólo había una creciente incongruencia entre la forma en que enseñaban las escuelas del siglo XX y la forma en que aprendían los niños de finales de ese mismo siglo. Algo similar sucedió en la universidad del siglo XVI, cien años después de la invención de la imprenta y los tipos móviles.

Pero en cuanto a la forma en que trabajamos, hasta ahora, la Revolución de la Información se ha limitado a volver rutinario lo que ya se hacía. La única excepción es el CD-ROM, inventado hace unos veinte años para presentar óperas, cursos universitarios o la obra de un escritor, de una forma totalmente nueva. Al igual que el barco a vapor, el CD-ROM no se impuso de forma inmediata.

El significado del comercio electrónico

El comercio electrónico es para la Revolución de la Información lo que el ferrocarril fue para la Revolución Industrial; una invención absolutamente nueva, en absoluto sin precedentes y por completo inesperada. Y al igual que el ferrocarril de hace 170 años, el comercio electrónico está engendrando un auge nuevo y distinto, cambiando rápidamente la economía, la sociedad y la política.

Un ejemplo: Una empresa de tamaño medio del Medio Oeste industrial de Estados Unidos, fundada en la década de 1920 y dirigida ahora por los nietos del fundador, solía tener alrededor del 60% del mercado de vajilla barata para los restaurantes de comida rápida, las cafeterías de escuelas y empresas y los hospitales en un radio de cien millas alrededor de la fábrica. La loza es pesada y se rompe con facilidad; por ello la barata suele venderse dentro de una zona pequeña. Casi de un día para otro, la empresa perdió más de la mitad de su mercado. Uno de sus clientes, la cafetería de un hospital, donde alguien se dedicó a *surfear* por Internet, descubrió un fabricante europeo que ofrecía loza de una calidad, al parecer mejor, a un precio inferior y enviada por avión a bajo coste. En unos pocos meses, los principales consumidores de la zona se habían pasado al proveedor europeo. Parece que pocos de ellos se dan cuenta, y menos aún les importa, que el producto venga de Europa.

En la nueva geografía mental creada por el ferrocarril, la humanidad dominó la distancia. En la geografía mental del comercio electrónico, la distancia ha sido eliminada. Sólo hay una única economía y un único mercado.

Una de las consecuencias de esto es que todas las empresas deben llegar a ser competitivas globalmente, incluso si sólo fabrican o venden dentro de un mercado local o regional. La competencia ha dejado de ser local; es más, ahora no conoce límites. Todas las empresas tienen que convertirse en transnacionales en cuanto a la forma en que están dirigidas. Y sin embargo, la multinacional tradicional bien podría quedar obsoleta; fabrica y distribuye en una serie de regiones distintas, en cada una de las cuales es una compañía *local.* Pero en el comercio electrónico no hay ni empresas locales ni regiones distintas. Dónde fabricar, dónde vender y cómo vender siguen siendo decisiones empresariales importantes. Pero dentro de veinte años, quizá ya no determinen qué hace una empresa, cómo lo hace ni dónde lo hace.

Al mismo tiempo, todavía no está claro qué clase de mercancías y servicios se comprarán y venderán a través del comercio electrónico ni qué clases resultarán ser inadecuadas para ese medio. Esto ha sido así siempre que ha aparecido un nuevo canal de distribución. ¿Por qué, por ejemplo, cambió el ferrocarril la geografía tanto mental como económica del Oeste, mientras que el barco a vapor —con su mismo impacto mundial en el comercio y el tráfico de pasajeros— no lo hizo en ninguno de los dos casos? ¿Por qué no se produjo un «*boom* del barco a vapor»?

Igualmente confuso ha sido el efecto de cambios más recientes en los canales de distribución —en el paso, por ejemplo, de la tienda de comestibles del barrio al supermercado, del supermercado a la cadena de supermercados y de la cadena de supermercados a Wal-Mart o a otras cadenas de tiendas de descuento. Está claro que el paso al comercio electrónico será igualmente ecléctico e inesperado.

Aquí tenemos unos cuantos ejemplos. Hace veinticinco años, existía la opinión generalizada de que, al cabo de pocas décadas, la palabra impresa se enviaría electrónicamente a la pantalla de ordenador de cada suscriptor. Ese suscriptor leería el texto en la pantalla o lo bajaría y sacaría una copia impresa. Ese era el supuesto en el que descansaba el CD-ROM. Así pues, muchos periódicos y revistas, y no sólo en Estados Unidos, se instalaron on line; pocos, hasta ahora, se han convertido en minas de oro. Pero a cualquiera que, veinte años atrás, hubiera predicho el negocio de Amazon.com y barnesandnoble.com —es decir, libros vendidos por Internet, pero entregados en su forma tradicional, impresa— se le hubieran reído a la cara. Sin embargo, Amazon.com y barnesandnoble.com están precisamente en ese negocio y lo están en todo el mundo. El primer pedido para la edición estadounidense de mi libro más reciente *Management Challenges for the 21st Century* (1999), lo recibió Amazon.com, y procedía de Argentina.

Otro ejemplo: Hace diez años, una de las empresas líderes en el mundo, en el sector del automóvil, hizo un concienzudo estudio del impacto esperado de la entonces naciente Internet en las ventas de automóviles. Llegaron a la conclusión de que Internet se convertiría en un importante canal de distribución para los coches usados, pero que los usuarios seguirían queriendo ver los coches nuevos, tocarlos y probarlos. En realidad, por lo menos hasta ahora, la mayoría de coches usados se siguen comprando no por Internet sino en un concesionario. No obstante, casi la mitad de coches nuevos vendidos (excluyendo los coches de lujo) pueden «comprarse» ahora por Internet. Los vendedores se limitan a entregar los coches que los clientes han elegido mucho antes de entrar en la tienda. ¿Qué significa esto para el futuro del concesionario local, la pequeña empresa más rentable del siglo XX?

Otro ejemplo: Los *operadores* del auge del mercado bursátil estadounidense de 1998 y 1999 cada vez venden y compran más on line. Pero parece que los *inversores* se van apartando de la compra electrónica. El principal vehículo de inversión en EE UU son los fondos mutuos. Y mientras que, hace pocos años, casi la mitad de todos los fondos mutuos se compraban electrónicamente, se calcula que esa cifra bajará hasta el 35% el año que viene y hasta el 20% para el 2005. Es lo contrario de lo que «todo el mundo daba por sentado» hace diez o quince años.

El comercio electrónico de crecimiento más rápido en Estados Unidos está en un sector donde hasta ahora no había «comercio» alguno; en los puestos de trabajo para profesionales y directivos. Casi la mitad de las compañías de mayor tamaño del mundo reclutan ahora a sus empleados a través de páginas web, y unos 2,5 millones de dirigentes y profesionales (dos tercios de los cuales no son siquiera ingenieros ni informáticos) tienen sus currículos en Internet y solicitan ofertas de trabajo a través de la red. El resultado es un mercado laboral completamente nuevo.

Esto ilustra otro efecto importante del comercio electrónico. Los nuevos canales de distribución cambian a los clientes. No sólo cambian *cómo* compran, sino también *qué* compran. Cambian la conducta del consumidor, los modelos de ahorro y la estructura del sector; en resumen, la economía entera. Esto es lo que está sucediendo ahora, y no sólo en Estados Unidos, sino cada vez más, en el resto del mundo desarrollado, y en un buen número de países en vías de desarrollo, entre ellos China continental.

Lutero, Maquiavelo y el salmón

El ferrocarril hizo de la Revolución Industrial un hecho consumado. Lo que había sido una revolución se convirtió en algo establecido. Y el auge que disparó duró casi cien años. La tecnología de la máquina de vapor no acabó en el ferrocarril. En las décadas de 1880 y 1890, llevó a la turbina a vapor y en las de 1920 y 1930, a las últimas y espléndidas locomotoras a vapor de Estados Unidos, tan amadas por los aficionados al ferrocarril. Pero la tecnología centrada en la máquina de vapor y en las funciones industriales dejó de ser fundamental. Por el contrario, la dinámica de la tecnología pasó a unos sectores totalmente nuevos que aparecieron casi inmediatamente después de que se inventara el ferrocarril, ninguno de los cuales tenía nada que ver con el vapor o las máquinas de vapor. El telégrafo eléctrico y la fotografía fueron los primeros, en la década de 1830, seguidos al cabo de poco por la óptica y la maquinaria agrícola. La nueva y diferente industria de los fertilizantes, que se inició a finales de la década de 1830, transformó la agricultura muy rápidamente. La salud pública se convirtió en un sector de crecimiento importante y esencial, gracias a la cuarentena, las vacunas, el suministro de agua pura y el alcantarillado, que por vez primera en la historia hizo que las ciudades fueran un hábitat más sano que el campo. Al mismo tiempo, aparecieron los primeros anestésicos.

Con estas nuevas e importantes tecnologías, nacieron nuevas e importantes instituciones sociales: el moderno servicio postal, el diario, la banca de inversiones y la banca comercial, para nombrar sólo unos pocos. Ninguno de ellos tenía mucho que ver con la máquina de vapor ni con la tecnología de la Revolución Industrial en general. Fueron estos nuevos sectores e instituciones los que, para 1850, habían llegado a dominar el panorama industrial y económico de los países desarrollados.

Es algo muy similar a lo que sucedió con la revolución de la imprenta; la primera de las revoluciones tecnológicas que crearon el mundo moderno. En los cincuenta años posteriores a 1455, cuando Gutemberg perfeccionó la prensa y los tipos móviles en los que trabajaba desde hacía años, la revolución de la imprenta barrió Europa y cambió completamente su economía y su psicología. Pero los libros impresos durante los primeros cincuenta años, los llamados incunables, contenían mayormente los mismos textos que los monjes, en sus *scriptoria*, habían copiado laboriosamente a mano durante siglos: tratados religiosos y todo lo que quedaba de los escritos de la antigüedad. En esos primeros cincuenta años, se publicaron siete mil títulos en treinta y cinco mil ediciones. Por lo menos seis mil setecientos de ellos eran títulos tradicionales. En otras palabras, en sus primeros cincuenta años, la imprenta hizo que fuera asequible —y cada vez más barata— la información tradicional y los productos de comunicación. Pero luego, unos sesenta años después de Gutemberg, llegó la Biblia alemana de Lutero, y se vendieron miles y miles de ejemplares, de forma casi inmediata y a un precio increíblemente bajo. Con la Biblia de Lutero, la nueva tecnología de la imprenta fue el preludio de una nueva sociedad. Fue el comienzo del protestantismo, que conquistó la mitad de Europa y, en un espacio de otros veinte años, obligó a la Iglesia Católica a reformarse en la otra mitad. Lutero utilizó el nuevo medio de la imprenta deliberadamente, para volver a instaurar la religión en el centro de la vida de los individuos y de la sociedad. Y eso desencadenó un siglo y medio de reformas, revueltas y guerras religiosas.

No obstante, en la misma época en que Lutero usaba la imprenta con la intención declarada de restablecer la cristiandad, Maquiavelo escribía y publicaba *El Príncipe* (1513), el primer libro occidental en más de mil años que no contenía ni una cita bíblica ni hacía referencia alguna a los escritores de la antigüedad. En un abrir y cerrar de ojos, *El Príncipe* se convirtió en el «otro *best seller*» del siglo XVI y en el libro más notorio, pero también más influyente de la época. Al poco tiempo, había una profusión de obras puramente seculares, lo que ahora llamamos literatura: novelas y libros de ciencia, historia, política y, pronto, economía. No tardó mucho en aparecer en Inglaterra la primera de las artes puramente seculares; el teatro moderno. También surgieron instituciones sociales absolutamente nuevas: la orden de los jesuitas, la infantería española, la primera armada moderna y, finalmente, el Estado nacional soberano. En otras palabras, la revolución de la imprenta siguió la misma trayectoria que seguiría la Revolución Industrial, trescientos años más tarde, y que la Revolución de la Información está siguiendo ahora.

Nadie sabe todavía qué serán las nuevas industrias e instituciones. Nadie en la década de 1520 imaginó que existiría la literatura secular y, menos aún, el teatro secular. Nadie alrededor de 1820 imaginó la llegada del telégrafo eléctrico ni de la sanidad pública ni de la fotografía.

Lo único (por repetirlo una vez más) que es muy probable, si no prácticamente seguro, es que los próximos veinte años verán la aparición de una serie de nuevas industrias. Al mismo tiempo, es casi seguro que pocas de ellas surgirán de la tecnología informática, del ordenador, del procesamiento de datos o de Internet. Nos lo indican todos los precedentes históricos. Pero también las nuevas industrias que van apareciendo rápidamente; la biotecnología, como decíamos, está ya aquí, y también la piscicultura.

Hace veinticinco años el salmón era una exquisitez. En la típica cena de una convención se podía elegir entre pollo o buey. Hoy el salmón es un producto de uso corriente y es la otra opción en el menú de una convención. En la actualidad, la mayoría de salmones no se pescan en el mar o en un río, sino que se crían en una piscifactoría. Y lo mismo sucede, cada vez más, con la trucha. Parece que pronto podrá decirse lo mismo de otros peces. El rodaballo, que es a los pescados lo que el cerdo a las carnes, está a punto de producirse a gran escala. No hay duda de que todo esto llevará al desarrollo genético de peces nuevos y diferentes, igual que la domesticación de ovejas, vacas y pollos llevó al desarrollo de nuevas razas de estos animales.

Pero, probablemente, hay una docena o más de tecnologías que están en la etapa en que la biotecnología estaba hace veinticinco años; es decir, a punto de aparecer.

También hay un *servicio* esperando nacer: el seguro contra los riesgos que entraña estar a merced de las divisas. Ahora que cada negocio forma parte de la economía global, un seguro así es tan necesario como lo era estar asegurado contra los riesgos físicos (fuego, inundaciones) en las primeras etapas de la Revolución Industrial, momento en que aparecieron los seguros tradicionales. Toda la información necesaria para asegurarnos contra las oscilaciones de las divisas está disponible; sólo falta la institución misma.

Es probable que las próximas dos o tres décadas vean incluso un mayor cambio tecnológico que el producido en las décadas transcurridas desde la aparición del ordenador y también un cambio incluso mayor en las estructuras de la industria, en el panorama económico y, probablemente, también en el panorama social.

El caballero frente al tecnólogo

Las nuevas industrias que surgieron después del ferrocarril debían poco tecnológicamente a la máquina de vapor o a la Revolución Industrial en general. No eran «hijas de su carne», pero sí que eran «hijas de su espíritu». Sólo fueron posibles debido a una mentalidad que aceptaba, es más, acogía con entusiasmo, la invención y la innovación; una mentalidad que aceptaba y acogía con entusiasmo nuevos productos y nuevos servicios.

Asimismo, creaba los valores sociales que hacían que las nuevas industrias fueran posibles. Sobre todo, creó al «tecnólogo». Durante mucho tiempo, el éxito social y financiero eludió a Eli Witney, el primer tecnólogo estadounidense importante, cuya limpiadora de algodón, en 1793, fue tan esencial para el triunfo de la Revolución Industrial como la máquina de vapor. Pero una generación más tarde, el tecnólogo —todavía autodidacta— se había convertido en el héroe popular estadounidense y era aceptado socialmente y recompensado económicamente. Quizá Samuel Morse, el inventor del telégrafo, sea el primer ejemplo, y Thomas Edison, el más destacado. En Europa, el «hombre de negocios» siguió siendo, durante mucho tiempo, inferior socialmente, pero hacia 1830 o 1840 el ingeniero con formación universitaria se había convertido en un «profesional» respetado.

En la década de 1850, Inglaterra estaba perdiendo su predominio y empezando a ser superada como economía industrial, primero por Estados Unidos y luego por Alemania. Es algo generalmente aceptado que la razón más importante no fue ni la economía ni la tecnología. La causa principal fue social. Desde el punto de vista económico, y especialmente financiero, Inglaterra siguió siendo la gran potencia hasta la Primera Guerra Mundial. Desde el punto de vista tecnológico, conservó el cetro durante todo el siglo XIX. Los tintes sintéticos, los primeros productos de la moderna industria química, fueron inventados en Inglaterra, como también lo fue la turbina a vapor. Pero Inglaterra no aceptó socialmente al tecnólogo. Nunca llegó a ser un «caballero». Los ingleses construyeron escuelas de ingeniería de primera clase en la India, pero casi ninguna en casa. En ningún otro país se honró tanto al «científico» y, de hecho, Gran Bretaña retuvo el liderazgo en física a lo largo de todo el siglo XIX, desde James Clerk Maxwell y Michael Faraday hasta Ernest Rutherford. Pero el tecnólogo siguió siendo un «artesano». (Dickens, por ejemplo, mostraba un abierto desprecio por el advenedizo maestro fundidor de *Bleak House*, su novela publicada en 1853.)

Inglaterra tampoco cultivó la figura del especulador financiero, que tiene los medios y la mentalidad para financiar lo imprevisto y todavía no probado. Invención francesa, retratado por vez primera en la década de 1840, en la monumental *La comedia humana*, de Balzac, el especulador financiero fue institucionalizado en Estados Unidos por J.P.Morgan y, simultáneamente, en Alemania y Japón por la banca universal. Pero Inglaterra, aunque inventó y desarrolló la banca para financiar el comercio, no contó con institución alguna para financiar la industria hasta que dos refugiados alemanes, S.G.Warburg y Henry

Grunfeld, fundaron un banco de negocios en Londres, justo antes de la Segunda Guerra Mundial.

El soborno del trabajador del saber

¿Qué se necesitaría para impedir que Estados Unidos se convierta en la Inglaterra del siglo XXI? Estoy convencido de que se requiere un cambio drástico en la mentalidad social, igual que el liderazgo de la economía industrial después del ferrocarril exigió un cambio drástico que, desde el «artesano» llevó al «tecnólogo» o «ingeniero».

Lo que llamamos la Revolución de la Información es, en realidad, la Revolución del Saber. Lo que ha hecho posible que los procesos se vuelvan rutinarios no son las máquinas, el ordenador es sólo el detonante. El *software* es la reorganización del trabajo tradicional, basado en siglos de experiencia, por medio de la aplicación del saber y, especialmente, de un análisis lógico sistemático. La clave no está en la electrónica, sino en la ciencia cognitiva. Esto significa que la clave para mantener el liderazgo en la economía y la tecnología que están a punto de aparecer será, probablemente, la posición social de los profesionales del saber y la aceptación social de sus valores. Para ellos seguir siendo «empleados» tradicionales y ser tratados como tales equivaldría a recibir el trato de artesanos que Inglaterra daba a sus tecnólogos y, probablemente, tendría unas consecuencias parecidas.

No obstante, hoy estamos tratando de nadar y guardar la ropa, mantener la mentalidad tradicional, en la cual el capital es el recurso clave y el financiero es quien manda, mientras sobornamos a los trabajadores del saber, dándoles primas y opciones de compra de acciones, para que estén contentos y sigan siendo empleados. Pero esto, si es que funciona en absoluto, sólo puede hacerlo mientras las industrias nacientes disfruten de un auge bursátil, como ha sucedido con las empresas de Internet. Es probable que las futuras industrias importantes actúen de forma más tradicional; es decir, que crezcan lentamente, penosamente, trabajosamente.

Las primeras industrias de la Revolución Industrial —los tejidos de algodón, el hierro, los ferrocarriles— fueron industrias de rápido crecimiento, que crearon millonarios de la noche a la mañana, como los especuladores financieros de Balzac y como el maestro fundidor de Dickens, que en pocos años pasó de ser un humilde sirviente doméstico a convertirse en un «capitán de industria». Las industrias que surgieron después de 1830 también crearon millonarios. Pero a éstos les costó veinte años llegar a serlo y fueron veinte años de trabajo arduo, de esfuerzo, de decepciones y fracasos, de frugalidad. Es probable que lo mismo valga para las industrias que aparezcan a partir de ahora. Es lo que ya pasa en la biotecnología.

Por lo tanto, sobornar a los trabajadores del saber, de quienes dependen esas industrias, no funcionará, sencillamente. Sin duda, los trabajadores clave del saber en esas empresas continuarán dando por sentado que participarán económicamente de los frutos de su labor. Pero es probable que esos frutos económicos tarden mucho más en madurar, si es que llegan a hacerlo. Y luego, probablemente dentro de unos diez años, dirigir una empresa con el «valor accionarial» (a corto plazo) como primera —si no única— meta y justificación se habrá vuelto improductivo. Cada vez más, el rendimiento en esas industrias basadas en el saber dependerá de llevar la organización de forma tal que atraiga, conserve y motive a los trabajadores del saber. Cuando esto ya no pueda hacerse satisfaciendo la codicia de esos trabajadores, como estamos tratando de hacer ahora, se tendrá que hacer satisfaciendo sus valores y ofreciéndoles reconocimiento y poder sociales. Se tendrá que hacer convirtiéndolos de subordinados en compañeros ejecutivos y de empleados, por bien pagados que estén, en socios.

(1999)

2. El explosivo mundo de Internet

Esta entrevista fue realizada por Mark Williams, colaborador de la revista *Red Herring*, en el despacho del autor en Claremont, California. El autor especificó los temas y las preguntas del entrevistador. El propio autor revisó el borrador y dio la forma final al texto. La entrevista apareció en el número de *Red Herring* de 30 de enero de 2001.

MW:Ha dicho que dar a los trabajadores del saber opciones de compra de acciones equivale a sobornarlos con una moneda que habrá perdido valor cuando ceda el auge del mercado bursátil. Ha afirmado que no funcionará.

PD:Les dije a mis amigos y clientes, hace cinco años, que ya tenemos mucha experiencia en esto, especialmente si se lleva tanto tiempo como yo en este negocio. Los incentivos económicos no impiden que un empleado se vaya. Lo motivan para que se vaya, porque en el mismo momento en que puede conseguir esa prima o ejercer sus derechos de opción, entonces lo único que lo motiva es el beneficio económico inmediato.

Las empresas que han sido más partidarias de estas cosas son las que han tenido la rotación de personal más grande. En un tiempo, IBM tenía la asociación de antiguos empleados mayor del mundo. Ya no es así. Es increíble el número de ex empleados de Microsoft que conozco. Además, en las dos asociaciones de antiguos empleados de mayor tamaño —Procter & Gamble e IBM—, mire, esos antiguos empleados adoraban a sus ex empresas. Los de Microsoft odian a Microsoft. Precisamente porque sienten que lo único que les ofrecía era dinero y nada más, les molesta que toda la atención recaiga en la gente de arriba, en una única persona de arriba, y ellos no reciban reconocimiento alguno. Además, sienten que el sistema de valores es totalmente económico y ellos se ven como profesionales. Quizá no como científicos, pero sí dentro de la ciencia aplicada. Así que su sistema de valores es diferente.

Recientemente, hablé con gente de una empresa de alta tecnología que he visto crecer a lo largo de cincuenta años, desde sus primeros pasos hasta convertirse en una gran compañía; hablamos de una empresa con unos diez mil millones de dólares en ventas. Yo estuve allí sólo un día, pero durante dos semanas, la reunión de altos cargos directivos se centró en conservar a los empleados del saber. Su tasa de rotación de personal —no están en Silicon Valley— había llegado a ser alarmante. Antes de la reunión, hicieron algo que les sugerí. Acudieron a investigadores y técnicos *sénior* que se habían marchado y les preguntaron por qué lo habían hecho. La respuesta que recibieron fue: «Siempre que iba a hablar con uno de ustedes, de lo único que me hablaban era del precio de las acciones». Uno de esos ex empleados dijo: «Pasé seis semanas en China visitando a tres de nuestros principales clientes y, cuando volví y fui a ver al director del servicio técnico internacional, me quedé allí durante una hora tratando de contarle las oportunidades que veía en China, pero a él, lo único que le interesaba era que nuestras acciones habían bajado ocho puntos el día antes».

Eso no resulta divertido. La dirección de las empresas tendrá que contrapesar, cada vez más, su conocimiento de los valores de sus empleados y la preocupación por los resultados económicos inmediatos, que no se hundirán mientras la bolsa vaya bien. Si sueno como un financiero de la vieja escuela es porque lo soy, ¿sabe? Pero nosotros creíamos que cuando ves que el volumen de intercambio no lo forman personas que compran o venden acciones, sino agentes que compran y venden a corto plazo, entonces el mercado está fuera de control.

MW:Tengo entendido que usted trabajaba en la banca de inversiones en Londres.

PD:Dejé el negocio financiero hace sesenta y tres años y no me he interesado en él desde entonces. Sin embargo, cualquiera mínimamente informado, sabía hace seis meses que Intel iba a tener un periodo malo. Vivimos un periodo de cambio en el cual hay que invertir en cosas que, primero, tienen un alto riesgo y, segundo, necesitan años para fructificar. Cualquiera que entienda algo de esto lo entendía. Sin embargo, cuando se hizo público, las acciones de Intel desaparecieron. Es un mercado inestable.

MW:¿Así que las empresas ya no pueden motivar a los trabajadores del saber ofreciéndoles opciones de compra de acciones?

PD:¿Conoce el dicho de recursos humanos que dice que no es posible contratar una mano, que todo el hombre va con ella? Bueno, no es posible contratar a un hombre, la esposa siempre va con él. Y la esposa ya ha gastado el dinero de esa opción. No bromeo. No hay nada más peligroso que la participación en beneficios, las opciones y cosas similares que no cumplen las expectativas.

MW:¿No ha dicho que los trabajadores del saber importantes tendrán que ser socios de pleno derecho, en lugar de simples accionistas?

PD:Sí. Estoy hablando de cosas en las que estoy trabajando. No es algo de lo que esté totalmente seguro todavía. En muchos casos, tendrá más sentido trabajar con especialistas independientes, de alto nivel, mediante contratos externos.

MW:Tenemos que medir la productividad de los trabajadores del saber. ¿Cómo lo hacemos?

PD:Empezamos preguntando a los trabajadores del saber, incluso a los de nivel inferior, tres cosas: ¿Cuáles son sus puntos fuertes y a qué debería dedicar sus esfuerzos? ¿Qué debería esperar de usted esta empresa y en qué periodo de tiempo?, y ¿Qué información necesita para hacer su trabajo y qué información debe usted dar?

Esto lo aprendí hace muchos años cuando trabajaba con una de las mayores compañías farmacéuticas del mundo. El nuevo director general esperaba que cada jefe de departamento le explicara qué debía aportar ese departamento. El jefe de investigación dijo: «No se puede medir la investigación». Así que organizamos reuniones de entre once y trece personas para estudiar el Departamento de Investigación. Yo preguntaba: «Mirando los últimos cinco años, ¿qué ha aportado Investigación que haya marcado una diferencia? ¿Qué cree que puede aportar en los próximos tres años?» Supongamos que hubieran descubierto una función hormonal que cambiara nuestra comprensión de cómo trabaja el páncreas. Podrían pasar veinte años antes de que eso se convirtiera en un producto, o no lograrse nunca. No obstante, una y otra vez —hablamos de principios de los sesenta— había habido importantes aportaciones que se habían evaporado. No encajaban en el mercado de las compañías farmacéuticas o en cómo el director médico veía la compañía. Así que teníamos que cambiar aquello. Hicimos que la gente de los departamentos médico, de marketing y de fabricación participara en lo que estaba sucediendo en investigación. Doblaron la utilización —el rendimiento de la investigación— en cinco o seis años.

MW:¿Qué hay de la atención sanitaria norteamericana, que parece estar sumida en un mar de contradicciones?

PD:No es peor que la de otros países. Todas están en la bancarrota. Será un sector de crecimiento simplemente porque, juntas, la atención sanitaria y la educación representarán el 40% del producto nacional bruto dentro de veinte años. Ahora ya son un tercio, por lo menos.

Además, conforme un número cada vez mayor de los servicios de los organismos gubernamentales se externalice, importará poco si la organización que consigue el contrato para limpiar las calles es lucrativa o no lucrativa. No estará dentro de la economía del mercado. Si pudiera expresar un comentario sobre su revista y el interés actual por el comercio electrónico y los negocios entre empresas, en su conjunto, hasta ahora se han centrado en los negocios. Sin embargo, creo que el máximo impacto del comercio electrónico quizá se produzca en la educación superior y en la atención sanitaria. Posibilita una reestructuración racional de la atención sanitaria. Un ochenta por ciento de las peticiones de atención sanitaria sólo requieren una enfermera. Lo que ella necesita saber es cuándo debe enviar el paciente a un médico, algo que ahora puede acabar siendo una cuestión de utilizar las tecnologías de la información.

He trabajado con hospitales distantes entre sí más de trescientos kilómetros. Es increíble la diferencia que esas tecnologías han representado para ellos. Tomemos Grand Junction, en Colorado, con treinta y cuatro mil habitantes. Denver y Salt Lake City —dos ciudades importantes— están a unos trescientos kilómetros de distancia. En la actualidad, el hospital de Grand Junction puede hacer el diagnóstico de un paciente con la intervención de la facultad de medicina de la Universidad de Colorado, en Denver, y la facultad medicina de Salt Lake City. Eso resuelve el problema básico de los pequeños hospitales, que era que no podían contar con su propio centro de especialistas.

MW:¿Era ese el único problema que tenía ese hospital? ¿Podría incluso llegar a ser rentable, dada la población de la zona?

PD:Quizá haya un millón de personas para quienes Grand Junction representa el hospital decente más cercano. He trabajado con un consorcio de veinticinco hospitales de ese tipo, desde Virginia Occidental a Oregon. Las tecnologías de la información pueden equipararlos a un gran hospital clínico de una ciudad importante. Ante ese paciente que padece unas convulsiones y vértigo que nadie puede diagnosticar en Grand Junction, por ejemplo, ahora el médico dice que quizá sea un problema de tiroides y que va a hablar con Salt Lake City. El especialista de Salt Lake City diagnostica un quiste que está presionando la carótida —le hablo de un caso real— y dice: «He extirpado algunos, pero mi colega de Denver es mejor. Envíenlo allí en helicóptero». Tres días más tarde, el paciente está de vuelta en Gran Junction.

Así que en la atención sanitaria, las tecnologías de la información siempre han tenido un impacto fabuloso. En la educación, ese impacto será aún mayor. No obstante, es un error intentar poner cursos universitarios corrientes en Internet. Marshall McLuhan estaba en lo cierto. El medio no sólo controla cómo se comunican las cosas, sino qué cosas se comunican. En la Red, hay que hacerlo de otra forma diferente.

MW:¿Cómo?

PD:Hay que volver a diseñarlo todo. En primer lugar, hay que mantener la atención del estudiante. Cualquier buen maestro tiene un sistema de radar que capta la atención de la clase, pero eso no existe al trabajar on line. En segundo lugar, hay que permitir que los estudiantes hagan lo que no pueden hacer en un curso universitario, es decir, avanzar y retroceder. Así que para trabajar on line hay que combinar las características de un libro con la continuidad y la fluidez de un curso. Sobre todo, hay que darle un contexto. En un curso universitario, la universidad proporciona el contexto. En ese curso on line que pones en marcha en casa, el mismo curso debe proporcionar el ambiente, el contexto, las referencias.

MW:¿Cómo ve el potencial de la educación on line en el mundo en vías de desarrollo? Por ejemplo, el gobierno indio ha iniciado un programa para instalar un ordenador on line en todos los pueblos, con fines educativos.

PD:Tengo mis dudas. A principios de la década de 1950, el presidente Truman me envió a Brasil para convencer al gobierno de que con las nuevas tecnologías, podríamos borrar el analfabetismo en cinco años y sin coste alguno. El sindicato de maestros brasileño saboteó el proyecto. Hace mucho tiempo que contamos con la tecnología para eliminar el analfabetismo.

Déjeme señalar que el único gran logro del gobierno de Mao fue eliminar el analfabetismo en China. No por medio de una nueva tecnología, sino con una muy antigua; el alumno que ha aprendido a leer enseña al siguiente. Los maestros han obstaculizado esto en todas partes porque amenaza su monopolio. Sin embargo, que unos alumnos mayores enseñen a los más jóvenes es el medio más rápido. Es lo que hicieron los chinos. Por vez primera, la enorme mayoría de chinos comprenden y hablan mandarín. El país está unificado no sólo por decreto, sino por el lenguaje. El porcentaje es sólo del 70%, pero era del 30% cuando llegó Mao.

Podemos hacer que las nuevas tecnologías estén al alcance del pueblo más remoto del Amazonas. Los obstáculos son, en primer lugar, la enorme resistencia de los maestros, que se sienten amenazados. En segundo lugar, no es cierto que haya respaldo para la educación en todos los países del Tercer Mundo. Yo he trabajado mucho en Colombia y he ayudado a fundar la Universidad del Valle, en Cali. Tuvimos muchas dificultades en esas pequeñas poblaciones cultivadoras de café porque los padres dan por sentado que los niños estarán en los campos a la edad de once años.

En India ese es un problema enorme. Además, las escuelas son una fuerza igualadora. Ese es un obstáculo tremendo en algunas provincias indias, como Orissa, por ejemplo, donde las castas altas se opondrían implacablemente a la admisión de niños de clase baja.

MW: Volvamos a la atención sanitaria. Hay quienes insisten en que las fuerzas del mercado pueden ser un curalotodo para la atención sanitaria de Estados Unidos. Teniendo en consideración situaciones como las de esos hospitales rurales donde existen pocas oportunidades de obtener beneficios, ¿es eso cierto?

PD: No. Las fuerzas del mercado no pueden ser un curalotodo para la atención sanitaria. Yo siempre juego a cartas vistas. He asesorado a dos de los principales sistemas de atención sanitaria nacionales. A uno durante cincuenta años, al otro, durante treinta. La idea de que la atención sanitaria está especialmente mal en Estados Unidos es una tontería. En todos los países es un caos total. La razón es que se basa en los datos de 1900. La peor es la alemana o la japonesa. Como he dicho, un 80% de lo que se le pide a un sistema de atención sanitaria son problemas corrientes que una enfermera puede resolver. Con una enfermera nos enfrentamos a dos problemas. Primero, hay que asegurarse de que no vaya más allá de sus competencias, así que se insiste en que, cuando se trata de enviar los pacientes al centro médico, debe pecar por exceso en lugar de por defecto. El segundo problema es que una enfermera no tiene la autoridad para cambiar el estilo de vida de nadie. Durante tres mil años, hemos construido la mística del médico. Cuando el doctor dice que tienes que perder siete kilos oyes algo diferente que cuando lo dice la enfermera.

Luego está el 20% de atención sanitaria que exige un tratamiento médico moderno. Me temo que voy a escandalizarle. Los avances médicos desde los antibióticos no han tenido efecto alguno en las expectativas de vida. Son maravillosos para grupos diminutos, pero insignificantes estadísticamente. Los grandes cambios se han producido en la fuerza laboral. Cuando yo nací, un 95% de personas realizaban trabajos manuales, la mayoría peligrosos y extenuantes. Ha oído hablar de Frank Kafka, ¿verdad?

MW: Claro.

PD: Sabe que fue un gran escritor, ¿no? Pero, además, Franz Kafka inventó el casco de seguridad. Trabajó como inspector de fábricas y también se ocupó de las indemnizaciones por accidentes de trabajo. Kafka era el encargado de la seguridad y las indemnizaciones por accidente en las fábricas en lo que ahora es la República Checa, que era Bohemia y Moravia antes de la Primera Guerra Mundial. Un vecino nuestro era el jefe encargado del mismo sector en Austria. Kafka era su ídolo. Cuando el escritor se estaba muriendo de tuberculosis, en las afueras de Viena, Kuiper, nuestro vecino, se levantaba cada día a las cinco de la mañana, cogía su bicicleta y pedaleaba durante dos horas para visitarlo, y luego cogía el tren para ir al trabajo. Después de la muerte de Kafka, nadie se sorprendió más que Kuiper al descubrir que era un escritor. Kafka recibió la medalla de, creo, el Congreso Estadounidense para la Seguridad en 1912 porque, como resultado de su casco protector, por vez primera, en las acerías de lo que es ahora la República Checa murieron menos de veinticinco trabajadores por mil en un año.

MW:¿Sabía que *Blue Cross* y *Blue Shield*, de Massachusetts emplean tanto personal para proporcionar cobertura a 2,5 millones de habitantes de Nueva Inglaterra como el que se emplea en Canadá para hacer lo mismo para 27 millones de canadienses?

PD:Es verdad y no lo es. Está comparando...

MW:¿La gimnasia con la magnesia?

PD:No, la gimnasia con la aritmética. El sistema canadiense no administra la atención sanitaria. Paga unas tasas fijas, eso es todo. Lo que nosotros hacemos ahora, el sistema canadiense no lo hace. No le dice a ningún médico qué tiene que hacer. Sólo le dice, para hacer esto, cuenta usted con tantos dólares en Ontario y tantos en Saskatchewan. La *Blue Cross* —en particular en Massachusetts— está tratando de ser una HMO (*Health Maintenance Organization*), una organización que proporciona atención sanitaria, no una entidad que paga por esa atención sanitaria. El sistema canadiense no se ocupa de la gestión de los cuidados, se ocupa de la gestión de los costes.

MW:¿Qué pasará con la atención sanitaria en Estados Unidos?

PD:Permítame decir que si hubiéramos escuchado a Eisenhower, que quería una atención sanitaria completa para todo el mundo, ahora no tendríamos ningún problema en ese terreno. Lo que le impidió llevar su idea a la práctica fue, como quizás usted no sepa, el sindicato UAW (United Automobile Workers). En la década de 1950, el único beneficio que los sindicatos podían seguir prometiendo era la atención sanitaria pagada por la empresa. Si se aplicaba el principio de Eisenhower —según el cual el gobierno pagaría por todos los que gastaran más del 10% de su renta imponible en gastos médicos— esto habría quedado eliminado. Así que la UAW mató la propuesta con la ayuda de la American Medical Association. Con todo, la AMA no tenía tanto poder; la UAW, sí.

MW:Ha hablado de los cambios demográficos, que tendrán como resultado que, en los próximos cuarenta años, haya más viejos en las naciones desarrolladas y más jóvenes en los países en vías de desarrollo. ¿Le preocupa cómo será, para los jóvenes, vivir en un mundo dominado por los viejos?

PD:Mire, en los países desarrollados, con excepción de EE UU, el número de jóvenes ya está bajando de forma muy acentuada. En EE UU empezará a disminuir dentro de quince o dieciocho años. Desde 1700, hemos supuesto tácitamente que la población crece y que la base crece más rápido que la cima. Así que esto es algo sin precedentes. No tenemos ni idea de lo que significa.

Hay algunos indicios. Sabemos que en las ciudades costeras de China, la familia de clase media gasta más en el único hijo que les permiten tener de lo que gastaban en los cuatro que tenían antes. Esos niños están horriblemente malcriados. Y lo mismo podría decirse de este país. Cuando veo lo que los niños de diez años dan por sentado que han de tener... es algo impensable para mi generación.

Además, cuando decimos jóvenes, en los países desarrollados eso significará, en gran medida, inmigrantes, no niños. Son inmigrantes, tanto si se trata de un mexicano que se cuela en el sur de California, un nigeriano que se cuela en España o un ucraniano que se cuela en Alemania. Serán jóvenes, ya que la edad media de un inmigrante en los países desarrollados está entre dieciocho y veintiocho años. Representan una inversión de capital muy importante en su educación, sin embargo, no están adecuadamente instruidos. No sabemos qué significa eso. Quizás un tremendo poder productivo adicional y una tremenda demanda para gastos adicionales en educación. No lo sabemos, nunca nos habíamos encontrado en esa situación.

Pero es previsible que la cultura de los jóvenes de hoy no durará para siempre. Se sabe desde hace tiempo que la cultura dominante la hace el grupo de población que crece más rápidamente. Y no serán los jóvenes.

MW:Hoy podemos comprar por diez dólares un reloj de pulsera más fiable y duradero que aquellos relojes que, en un tiempo, las empresas regalaban a sus empleados cuando se retiraban. En la industria del automóvil, que cada vez afina más sus diseños para que los coches sean más seguros y fiables, se nota la misma tendencia. Y cuando esta tendencia vaya dominando a un número cada vez mayor de sectores, ¿cómo competirán las corporaciones?

PD:Yo, con mis clientes, actúo según un sencillo supuesto: No se puede sobrevivir como empresa de fabricación. Hay que convertirse en una empresa del saber, basada en la distribución. No es posible diferenciar realmente los productos en la fabricación.

La industria del automóvil es interesante. El precio relativo de un coche, comparado con el que tenía hace treinta años, es un 40% más bajo. En contrapartida, muchos usuarios de automóvil se han pasado al todo terreno deportivo. Probablemente, una vez ajustado según la inflación y el relativo poder adquisitivo del saber, lo que esas personas pagan no es mucho menos de lo que pagaban hace treinta años. Los precios de los productos manufacturados, ajustados según la inflación, han bajado un 40% desde la época de Kennedy y el coste de dos productos del saber básicos, la educación y la atención sanitaria es de tres veces la inflación. En realidad, el poder relativo de compra de artículos manufacturados es quizá de una cuarta parte de lo que era hace cuarenta años. Sin embargo, la industria del automóvil —y es la única— se ha visto compensada porque la gente compra esos vehículos más caros. Con todo, aunque una gran proporción de la población compre esos vehículos, les duran mucho más tiempo. Son centros de beneficios a corto plazo.

¿A largo plazo? Antes, un 40% de los compradores de coches en Estados Unidos compraba un coche nuevo cada dos años. Ahora, en el aparcamiento para los participantes en el programa avanzado para ejecutivos de nuestra facultad, no creo que haya un solo coche que tenga menos de cinco años. Así pues, un fabricante de automóviles puede sobrevivir como empresa industrial, aunque no haya diferenciación del producto. Sí, porque un único punto de cuota de mercado vale Dios sabe cuánto. No obstante, se consigue a costa de otros. En lo que respecta a la industria, nadie hace más dinero.

Por lo tanto, hay que convertirse en una compañía de distribución, basada en el conocimiento de la base de datos. Ese es el gran cambio. Es comparable a lo que viene sucediendo en la agricultura desde la Primera Guerra Mundial. En cuanto al volumen, la producción está aumentando muy rápidamente; en términos de porcentaje del producto nacional, está disminuyendo muy rápidamente. En términos de empleo, se está reduciendo también muy rápidamente. La fabricación ya no añade valor. El valor se aporta en saber y distribución.

MW:Al llegar a Estados Unidos durante la Gran Depresión, cuando los intelectuales, en su mayoría, se habían apuntado a las ideologías colectivas, usted era lo bastante independiente para comprender que las sociedades mercantiles podían ser «el lugar en el cual y por medio del cual se organizarían las tareas sociales». Pero hoy vemos acontecimientos —como las manifestaciones de Seattle— que demuestran que la crítica marxista del capitalismo victoriano sigue dominando la manera en que muchas personas ven esas sociedades. ¿Qué podría cambiar eso?

PD:Déjeme decir que hay razones de mucho peso que hacen que esos manifestantes de todo pelaje sean una muchedumbre variopinta y no vayan a causar un gran impacto. No vamos hacia un libre comercio mundial. El declive de la producción nos abocará forzosamente al proteccionismo. Mire, por cada uno por ciento de reducción en el empleo en la agricultura y la ganadería, los subsidios a esos sectores en todos los países desarrollados han aumentado en un dos por ciento desde la Segunda Guerra Mundial. Se puede esperar lo mismo en la industria. No vamos a entrar en un libre mercado de bienes y servicios. Libre mercado equivale a libre mercado en la información. En bienes y servicios —especialmente, en los primeros— habrá un creciente proteccionismo. Cuantos menos empleos, más protección. Ya hemos pasado por eso en el sector agrícola y lo veremos en la industria.

El presidente mexicano, Fox, tiene razón al decir que cuanto más rápidamente integremos a México en la economía estadounidense, mejor. No es posible esperar el desarrollo basándonos en un desarrollo dirigido a la exportación, como en el pasado. Aunque la tasa de natalidad de México está cayendo más rápidamente que en cualquier otro lugar del mundo —desde entre cuatro y cinco hijos por mujer en edad reproductora, ha bajado hasta menos de dos y probablemente estará por debajo de uno dentro de diez años— un número enorme de personas se acerca a la edad de veinte años, debido al periodo de alta natalidad que se produjo hace veinte años, cuando la mortalidad infantil se redujo de forma espectacular. Lo que hay que decidir es si esos jóvenes serán trabajadores mal pagados en el sur de California o trabajadores aun peor pagados en México. Yo no creo que tengamos elección.

El Presidente Fox está absolutamente en lo cierto, porque ve la región de Norteamérica como una zona protegida y fuertemente subvencionada, igual que la Comunidad Económica Europea lo está en la agricultura y lo va estando en la industria. Por cierto, los más amenazados por esta evolución son los japoneses, porque no hay ninguna zona económica en el este de Asia y si surge una, será China quien la domine.

Así pues, quienes protestan contra la globalización no sólo tienen razón —aunque, claro, protestan contra cosas equivocadas— sino que sienten el dolor. La política de EE UU en los treinta últimos años, impulsando el libre comercio en todas partes, da por sentado que este país tiene ventaja en la mayoría de sectores. Algo que sí teníamos debido a nuestra base de saber. No creo que se pueda dar eso por sentado. No diría que estemos en peligro, pero tenemos todas las razones para pensar que otras zonas se pondrán a nuestra altura.

Creo que usted verá nacer el proteccionismo regional. También verá una creciente presión medioambiental contra la globalización. ¿Ha estado alguna vez en Indonesia? Todos los controles están en los estatutos, pero la contaminación es increíble. Bali está siendo destruida por la contaminación. La exportación de la contaminación traerá una creciente presión para su control.

Y la inmigración se está convirtiendo en la cuestión política más importante en todas partes. Desde ese punto de vista, los que protestaban no eran posmarxistas, aunque haya ex marxistas entre ellos.

MW:¿No son simplemente hijos del bienestar económico que buscan un objetivo?

PD:Hasta ahora, esas protestas no tienen un objetivo. Son protestas contra el sistema, cualquier cosa que eso signifique.

Hemos pasado, en un enorme grado, de tener un alto coeficiente de mano de obra a tenerlo de capital. Hasta ahora, eso ha compensado la pérdida de poder relativo de compra para los productos manufacturados. ¿Cuánto tiempo más durará? No lo sé.

Pero en todo el mundo, el obrero de fábrica está perdiendo algo más importante que ingresos. Está perdiendo estatus. Así que protesta contra la globalización, que equipara a la exportación de puestos de trabajo. Y no es así. El número de puestos de trabajo que se exportan es mínimo. Es tan pequeño que ni nos choca. Son los trabajos en casa lo que está cambiando por completo.

Veremos más de esas protestas. Disparan contra blancos del pasado, pero los atacan debido al dolor del presente.

(2001)

3. Desde saber de informática a saber de información

El primer congreso sobre gestión del que se tienen noticias fue convocado en 1882 por la Dirección General de Correos de Alemania. El tema de la reunión —a la que sólo fueron invitados directores generales— era cómo no tener miedo del teléfono. No acudió nadie. Los invitados se habían sentido insultados. La idea de que ellos fueran a usar el teléfono era impensable. El teléfono era para los subalternos

Recordé esta historia a principios de la década de 1960 cuando trabajaba con IBM para hacer que los ejecutivos se familiarizaran con los ordenadores. En aquel tiempo, algunos de nosotros ya habíamos comprendido que lo que teníamos entre manos no era sólo otro artilugio más; que era algo que cambiaría de forma profunda, incluso fundamental, los usos del sector y la manera en que hacíamos negocios. La información se convertiría en el principal factor de productividad.

A Tom Watson Jr., de IBM, se le ocurrió una idea brillante. Organizaríamos una reunión para directores ejecutivos y hablaríamos de la «alfabetización informática». De hecho fue en aquella ocasión cuando acuñamos el término.

Sin embargo, yo traté inmediatamente de disuadir a Watson de su brillante idea. Le conté la historia de la Dirección General de Correos de Alemania. «Estáis en la misma situación —dije—. No va a venir nadie. Les resulta algo demasiado ajeno a ellos.»

Hace veinticinco o treinta años una reunión así no era posible.

Dentro de treinta años, esas reuniones no serán necesarias porque los ejecutivos de hoy habrán sido sucedidos por la generación de sus nietos.

Todo el que conozca a esta generación, que tenga hijos de una edad comprendida entre los diez y los trece años, no se sorprenderá de lo que descubrí mientras visitaba a mi hija pequeña y a sus hijos. A mi nieto, un chico muy agradable, de trece años, ya no le interesan los ordenadores. Dice que es cosa de niños, salvo para el proceso de varias operaciones de modo simultáneo. No obstante, podría decirse que sigue estando al tanto. Me dijo: «Abuelo, el ordenador de papá ya no es tecnología punta».

¿Que cuál es el chiste? Da la casualidad de que mi yerno es profesor de física y dirige una de las mayores instalaciones informáticas no militares que existen. Pero mi nieto tenía razón.

Cuando esta generación crezca y ocupe nuestros puestos de trabajo, no tendremos que hablar de la alfabetización informática. Igual que ya no tenemos que hablar de cómo no tener miedo al teléfono. La hermana de mi nieto puede, con cinco años, telefonear a cualquier lugar del mundo; y lo hace.

Por supuesto, no es sólo mi nieto quien sabe de informática. En este país, toda su generación sabe. Es uno de los campos en los que vamos muy por delante. La alfabetización informática está en pañales en Japón y ni se ha oído hablar de ella en Europa. Mi esposa tiene sobrinos y sobrinas en Alemania y sus hijos no saben nada de eso, aunque da la casualidad de que tanto el padre como la madre son científicos. Los padres trabajan con ordenadores, pero la idea de que un niño de nueve o diez años esté familiarizado con ellos es nueva.

Aunque vamos por delante en este aspecto, todavía no estamos del todo donde deberíamos estar. Es necesario que sepamos de informática en defensa propia. Dentro de diez o quince años, no sólo daremos esos conocimientos por sentados, además, sabremos de información.

Y eso es algo que muy pocas personas saben.

La mayoría de directores generales sigue creyendo que es tarea del director de informática identificar la información que el director general requiere. Esto es, por supuesto, una falacia. El director de informática es quien fabrica la herramienta; el director general, quien la usa.

Déjenme que les dé un ejemplo. Recientemente, me puse a reparar el sofá, demasiado relleno, de la habitación de invitados, algo que tenía que haber hecho hacía tres años. En la ferretería, le pregunté al propietario qué martillo de tapicero sería el mejor para la tarea. No le pregunté si debía reparar el sofá. Esa decisión era asunto mío. Me limité a pedirle la herramienta adecuada. Y él me la dio.

Cuando me instalaron el aparato de fax, hace unos años, hice que el instalador de teléfonos viniera a tender una nueva línea y fue de mucha ayuda. Miró alrededor y me dijo: «Quizá no haya elegido el mejor sitio para ponerlo. Me parece que allí sería incómodo. ¿Por qué no aquí? Y es fácil traer la línea hasta aquí». Pero no me dijo a quién tenía que enviar los faxes ni qué tenía que decir en ellos. Ese es mi trabajo. El suyo era proporcionarme las herramientas.

Los directores generales deben aceptar que si el ordenador es una herramienta, es tarea del usuario de esa herramienta decidir cómo usarla. Deben aprender a asumir la «responsabilidad de la información». Y eso significa preguntar: ¿Qué información necesito para hacer mi trabajo? ¿De quién? ¿En qué forma? ¿Cuándo? Y también: ¿Qué información debo dar? ¿A quién? ¿En qué forma? ¿Cuándo? Por desgracia, la mayoría sigue esperando que el director del Departamento de Informática o algún otro técnico responda a esas cuestiones. Y eso no puede ser.

Doy clases en una pequeña escuela de posgrado en Claremont. Hace unos doce años, queríamos construir un edificio para ciencias informáticas. Cuando llegó el momento de recaudar fondos, superamos a Stanford y Yale. Conseguimos una enorme suma de dinero de las grandes empresas porque en nuestra propuesta decíamos: «Esta escuela ya no funcionará dentro de diez años. Si hemos hecho nuestro trabajo medianamente bien, para entonces será superflua. Dentro de diez años habrá ingenieros de informática, habrá personas que diseñarán *software*. Pero la ciencia informática como disciplina independiente dentro de una escuela de gestión habrá desaparecido».

Conseguimos todo aquel dinero sencillamente porque decíamos que dentro de diez o quince años ya no tendríamos que dedicar un montón de tiempo a crear fabricantes de herramientas. Los necesitaremos, por supuesto. Pero los usuarios sabrán cómo utilizar las herramientas; fabricarlas seguirá siendo importante, pero algo puramente técnico.

El primer paso es asumir la responsabilidad de la información: ¿Qué información necesito para hacer mi trabajo? ¿En qué forma? Luego, los especialistas pueden decir: «Mire, no puede hacerlo de esta manera, tiene que hacerlo de esta otra». La respuesta carece relativamente de importancia y es técnica; son las preguntas básicas las que cuentan: ¿Cuándo la necesito? ¿De quién? ¿Qué información debo dar?

Estamos volviendo a construir las organizaciones en torno a la información. Cuando los directores ejecutivos hablan de eliminar niveles de dirección, empiezan a utilizar la información como elemento estructural. Muchas veces, no tardamos en descubrir que la mayoría de niveles de dirección no dirigen nada. Por el contrario, se limitan a amplificar las débiles señales que emanan de la parte superior y de la parte inferior de la infraestructura corporativa. Imagino que la mayoría de directores generales conocen la primera ley de la teoría de la información: Cada relé dobla el ruido y reduce a la mitad el mensaje. Lo mismo es verdad de la mayoría de niveles de dirección, que ni dirigen a las personas ni toman decisiones. Sólo sirven como relés. Cuando incorporamos la información como elemento estructural, no necesitamos esos niveles.

Esto, no obstante, causa enormes problemas. Por ejemplo, ¿dónde buscaremos oportunidades para ascender? Pocas empresas tendrán más de dos o tres niveles. ¿Los directores generales serán capaces de aceptar que más niveles son señal de mala organización? Se está violando una regla básica. Muy pocas personas llegan a un puesto de dirección antes de cumplir los veintiséis o veintisiete años. Hay que estar en un puesto de trabajo cinco años no sólo para aprenderlo, sino para probarse a uno mismo. Pero, al mismo tiempo, hay que ser lo bastante joven para ser tenido en cuenta para un puesto de alta dirección antes de llegar a los cincuenta. Eso nos da tres niveles de dirección.

Si miramos a la General Motors actual y la comparamos con la del pasado, veremos que ha adelgazado bastante. Antes, la compañía tenía veintinueve niveles, lo cual significaba que nadie podía ser tenido en cuenta para un puesto de la más alta dirección antes de los doscientos once años de edad. Esto, evidentemente, es parte del problema de GM.

¿De dónde vendrán las oportunidades de ascenso? ¿Cómo recompensaremos y reconoceremos a la gente? Y también, ¿cómo la prepararemos para unos puestos que no están limitados funcionalmente?

Son grandes retos. Y no sabemos las respuestas. Sólo sabemos que tendremos que pagar mucho más. El dinero será mucho más importante porque en los últimos treinta años hemos sustituido el dinero por el título en muchos casos. Hemos tenido rápidos ascensos en título, con muy poco aumento salarial. Eso se ha acabado.

Mucho más importante es el cambio en el proceso. Cuando aprendemos a utilizar la información como herramienta, estamos aprendiendo para qué utilizarla, qué necesitamos, en qué forma, cuándo, de quién, etcétera. En el momento en que examinamos esas cuestiones, comprendemos que la información que necesitamos —la información verdaderamente importante— no la podemos conseguir de nuestro sistema de información. Ese sistema de información nos proporciona información interna. Pero los resultados no están dentro de la empresa.

Hace muchos, muchos años, acuñé el término *centro de beneficios*. Hoy me siento profundamente avergonzado de él, porque dentro de una empresa no hay centros de beneficios, sólo centros de costes. El beneficio sólo viene de fuera. Cuando un cliente repite un pedido y su cheque no viene devuelto, tenemos un centro de beneficios. Hasta ese momento sólo tenemos centros de costes.

Cuando hablamos de la economía global, espero que nadie crea que puede gestionarse. Eso es imposible. No tenemos ninguna información sobre ella. Pero si se está en el sector hospitalario, se pueden conocer los hospitales. Si alguien se lanzara en paracaídas en algún lugar extraño y se encaminara hacia las luces del valle, sería capaz de identificar el edificio del hospital. Incluso en Mongolia Interior, puedo asegurar que sabría que está en un hospital. No es posible confundirse. No es posible confundir una escuela. No es posible confundir un restaurante.

Quienes me dicen que operan en una economía mundial son los que hacen que vaya y venda mis acciones de su empresa inmediatamente. No se puede actuar en un lugar del que no se sabe nada. Sencillamente, no contamos con ninguna información. No se puede saber todo. Sólo se puede saber lo que se sabe. Por esta razón, la empresa del mañana tendrá un enfoque muy estrecho.

La diversificación sólo puede funcionar si se dispone de la información. Y no se tiene esa información si la competencia puede invadirnos desde Osaka sin avisar. Tenemos muy poca información sobre el exterior, sobre los mercados y sobre los consumidores. Nada, como muchos han aprendido a su costa, cambia con mayor rapidez que los canales de distribución. Si esperamos hasta recibir el informe, es demasiado tarde.

La propia tecnología nos ofrece el ejemplo perfecto. Ya no estamos en el siglo XIX, ni siquiera en el XX, cuando podíamos dar por supuesto que las tecnologías que conciernen y afectan a nuestro sector surgieron de ese mismo sector.

El tiempo ha hecho obsoleta la idea que sustentaba a los grandes laboratorios de investigación, de los cuales es probable que IBM sea el último. No habrá otros de ese tipo. La mayor parte de lo que tuvo un auténtico impacto en el ordenador y en el sector informático, no nació en el laboratorio de IBM. IBM no pudo utilizar la mayoría de las cosas brillantes que surgieron del laboratorio de su propia empresa. Y eso es igualmente cierto de Bell Labs y de los laboratorios farmacéuticos.

La tecnología ya no es esa serie de corrientes paralelas que, en el siglo XIX, subyacían a nuestras disciplinas académicas. Por el contrario, es un entramado. Es caótica y, por lo tanto, tiene que proceder del exterior. Y de este exterior no sabemos nada.

Veamos, tomemos una compañía farmacéutica. Va a quedar desfasada debido a la aparición de un instrumento o procedimiento mecánico, digamos un marcapasos o un *bypass*. Puede que tenga el mejor laboratorio del mundo, pero los cambios en la empresa no saldrán de ese laboratorio. El laboratorio está concentrado en el interior, igual que su sistema de información.

En realidad, estamos tratando de volar con una única ala, el ala de la información interna. El gran reto no será conseguir más o mejor información interna, sino incorporar información externa.

Por citar un ejemplo, la mayoría de personas cree que este país tiene un déficit en la balanza comercial. Esa mayoría de personas está equivocada, pero no lo sabe. El concepto de balanza de pagos, de principios del siglo XVIII, surgió cuando un tipo brillante tuvo una idea. Pero esa idea brillante se limitaba al comercio de mercancías y esa es la única cifra que se recoge.

Aunque este país tiene hoy un déficit en el comercio de mercancías, da la casualidad de que también tiene un enorme superávit comercial en los servicios. La suma oficial es de dos tercios del déficit comercial en mercancías. La cifra real es, probablemente, mucho mayor; sencillamente, porque no hay cifras reales del comercio de servicios.

Por ejemplo, tenemos unos quinientos mil estudiantes extranjeros en el país; lo mínimo que aportan es 15.000 dólares cada uno. Por lo tanto, tenemos entre siete y ocho miles de millones de dólares de ingresos en divisas procedentes de estos estudiantes no estadounidenses. Y no están registrados. Creo que, en realidad, quizá tengamos un superávit total de servicios y mercancías, aunque será muy pequeño. Las cifras no están ahí, sólo el concepto.

Nuestro mayor desafío continuará siendo obtener esta información externa para poder tomar las decisiones acertadas. Esto se refiere al mercado interior, al modo en que están cambiando tanto los consumidores como los sistemas de distribución. También se refiere a la tecnología y a la competencia, porque ambas pueden dejarnos sin negocio. Cuando llegó el marcapasos, el mercado para el medicamento para el corazón más rentable existente desapareció en cinco años. Fue sólo después de que el mercado hubiera desaparecido cuando la gente empezó a preguntarse qué había pasado.

Necesitamos información externa y tendremos que aprender. Pero es complicado porque la mayoría de empresas tienen dos sistemas de información. Uno está organizado en torno a los datos que llegan continuamente; el otro en torno al sistema contable. Pero este último es un sistema de información que tiene quinientos años de existencia y que está en muy mala forma. Los cambios que veremos en las tecnologías de la información en los próximos veinte años no son nada comparados con los que veremos en la contabilidad.

Ya hemos empezado a observar cambios en la contabilidad de los costes de fabricación, cuyos orígenes se remontan a la década de 1920 y que está totalmente desfasada. Pero eso sucede sólo en fabricación, no en los servicios. Fabricación representa ahora un 23% del PNB y quizás un 16% del empleo. Así, para la enorme mayoría de las empresas no tenemos una contabilidad digna de su nombre.

El problema con la contabilidad de las empresas de servicios es sencillo. Tanto si se trata de un gran almacén, de una universidad o de un hospital, sabemos cuánto dinero entra y sabemos cuánto dinero sale. Incluso sabemos adónde va. Pero no podemos relacionar el gasto con los resultados. Nadie sabe cómo hacerlo.

Actualmente, estos dos sistemas están separados. No lo estarán para la generación de nuestros nietos. Los directores generales de hoy dependen del modelo de contabilidad. No conozco ninguna empresa que base sus decisiones en los resultados del procesamiento de datos. Todo el mundo las basa en el modelo de contabilidad, aunque la mayoría sabemos lo fácil que es de manipular.

Sabemos cuándo podemos confiar en él y cuándo no. Todos nos hemos metido en arenas movedizas con suficiente frecuencia como para que sigamos andando de aquí para allá sin cuidado. Hemos aprendido a fiarnos del *cash-flow,* porque cualquier estudiante de segundo año de contabilidad puede manipular una cuenta de Pérdidas y Ganancias. En la próxima generación, cuando la corriente de procesamiento de datos resulte más familiar, podremos fusionar los dos sistemas, o por lo menos hacerlos más compatibles, algo que no son hoy. En las escuelas los enseñamos separadamente.

Tenemos una asignatura principal de contabilidad y otra asignatura principal de informática y las dos no se hablan. Además, ambos departamentos están, por lo general, dirigidos por personas que saben poco sobre información. La persona que dirige el sistema de contabilidad de su empresa conoce los requisitos gubernamentales. El director de procesamiento de datos era excelente en *hardware.* Ninguno de los dos tiene la más remota idea de información.

Tendremos que reunirlos a los dos, pero todavía no sabemos cómo. Yo calculo que dentro de treinta años, una empresa de tamaño medio, y más aún, una grande, tendrá a dos personas diferentes ocupando dos puestos que hoy desempeña una única persona. Tendrá un director financiero, que no dirigirá a nadie. Esta persona gestionará el dinero de la corporación, y su principal tarea será gestionar divisas, una tarea ardua ahora y que pronto será mucho peor. Y la empresa tendrá un director de información, que gestionará los sistemas de información. La empresa los necesitará a los dos. Contemplan el mundo y los negocios con una óptica muy diferente.

Sin embargo, ninguna de estas personas se concentra en la *capacidad de producir riqueza* de la empresa ni en las decisiones del mañana. Ambas se concentran en lo que ha pasado. No en lo que podría pasar ni en qué se podría *hacer* que pasara.

Nos espera una enorme labor. Necesitamos alfabetizarnos en información, a nosotros y a nuestras empresas. El trabajo empezará con cada individuo. Tenemos que convertirnos en usuarios de herramientas. Es necesario que consideremos la información como una herramienta para un trabajo específico, algo que pocas personas hacen. (La mayoría de los que abordan la información de esta manera no están en la empresa; los que han ido más lejos en ese terreno están en las fuerzas armadas.)

Nuestra segunda gran tarea es usar nuestra capacidad de procesamiento de datos para comprender qué está sucediendo en el exterior. Los datos disponibles suelen ser flojos y de dudosa fiabilidad. Las únicas compañías que disponen de una información de este tipo son las grandes empresas comerciales japonesas. Cuentan con información sobre el exterior (lo que saben sobre Brasil es asombroso), pero les costó cuarenta años y enormes sumas de dinero adquirirla.

Para la mayoría de directores generales, la información más importante no se refiere a los clientes, sino a los no clientes. Éste es el grupo donde van a producirse los cambios.

Echemos una ojeada a esa especie en peligro de extinción; los grandes almacenes de Estados Unidos. Nadie sabía más de sus clientes que ellos y, hasta la década de 1980, los conservaron. Pero no disponían de información sobre los que no eran sus clientes. Tenían un 28% del mercado detallista, el mayor porcentaje individual dentro del sector. No obstante, eso significaba que un 72% de consumidores no compraba en los grandes almacenes. Y éstos no disponían de información sobre ese 72%. Y no les importaba en absoluto. Por lo tanto, no eran conscientes de que los nuevos consumidores, especialmente los adinerados, no compran en los grandes almacenes. Nadie sabe por qué. Sencillamente, no lo hacen. A finales de los años ochenta, esos no clientes se habían convertido en el grupo de influencia dominante y empezaron a determinar cómo compramos todos nosotros. Pero nadie en el mundo de los grandes almacenes lo sabía, porque se habían estado ocupando de sus propios clientes. Con el paso del tiempo, sabían cada vez más de cada vez menos.

Tenemos que empezar a organizar la información del exterior, pues es allí donde existen los auténticos centros de beneficios. Tendremos que construir un sistema que proporcione esa información a quienes toman las decisiones. Y tendremos que reunir los sistemas de contabilidad y de procesamiento de datos, que es algo que pocas personas están interesadas en hacer. Estamos al principio.

Si no sabe de informática, no espere que nadie dentro de su organización le respete. Los jóvenes que trabajan en sus empresas dan ese conocimiento por sentado; esperan que, por lo menos, su jefe no sea analfabeto. Mi nieta de cinco años no sentiría ningún respeto por mí si le dijera: «¿Sabes?, me da miedo el teléfono». Ni siquiera me creería.

Los tiempos cambian y debemos cambiar con ellos. Estamos pasando de un conocimiento de informática mínimo —sabemos poco más que el abecedario y las tablas de multiplicación de la informática— al punto en que podremos hacer verdaderamente algo con los ordenadores. Será una perspectiva apasionante y todo un reto para los años venideros.

Justo estamos entrando en esa corriente. Será una corriente rápida.

(1998)

4. Comercio electrónico. El desafío fundamental

Las multinacionales tradicionales morirán, con el tiempo, a manos del comercio electrónico. La entrega de mercancías, de servicios, de reparaciones, de piezas de recambio y de mantenimiento del comercio electrónico exigirá una organización diferente de la de cualquier multinacional actual. Asimismo requerirá una mentalidad diferente, un equipo de alta dirección diferente y, finalmente, una nueva definición del rendimiento. En realidad, cambiará la manera misma de medir ese rendimiento.

En la mayoría de las empresas actuales se considera que la entrega del producto es una función de «servicio al cliente», una tarea rutinaria de la que se encargan los oficinistas. Se da por supuesta a menos que algo vaya radicalmente mal. Pero en el comercio electrónico, la entrega del producto será el único campo en el que una empresa podrá distinguirse de verdad. Llegará a ser la «competencia fundamental» crítica. Su rapidez, calidad y receptividad bien pueden convertirse en el factor competitivo decisivo, incluso allí donde las marcas parecen estar firmemente afianzadas. Y ninguna de las multinacionales existentes y, en conjunto, muy pocas empresas están organizadas para actuar así. Todavía hay muy pocas que piensen siquiera de esa manera.

El ferrocarril, inventado en 1829, dominó las distancias. Esto explica por qué más que cualquier otra de las invenciones de la Revolución Industrial, cambió la economía y la fuerza laboral de todas las naciones. Varió la mentalidad de la humanidad, sus horizontes, su «geografía mental».

El comercio electrónico no se limita a dominar las distancias, las elimina. No hay razón alguna para que, en el comercio electrónico, el proveedor deba estar en un lugar determinado. De hecho, el cliente, por lo general, ni sabe ni le importa dónde tiene su sede ese proveedor. Y a su vez, el proveedor, por ejemplo Amazon.com, actualmente el mayor vendedor de libros del mundo, ni sabe ni le importa de dónde procede el pedido.

Si la compra es, en sí misma, información electrónica —un programa de *software* o una operación en un mercado bursátil— no hay ningún problema de entrega. El propio «producto» es, después de todo, sólo una entrada en la memoria del ordenador. Tiene existencia legal, pero no física. (No obstante, hay planteado un considerable problema fiscal con este tipo de intercambio de mercancías servidas electrónicamente, que les dará a las autoridades fiscales de todo el mundo un buen dolor de cabeza con el cambio de milenio. Las inteligentes eliminarán esos impuestos, las menos inteligentes idearán absurdas normas de control.)

Si la compra es un libro, sigue sin haber muchos problemas de entrega. Los libros se envían con facilidad, tienen una relación valor-peso alta y pasan sin demasiados problemas las fronteras y las aduanas nacionales. Pero un tractor tiene que entregarse allí donde está el usuario y no puede enviarse ni electrónicamente ni por paquete postal.

También parece que la entrega en mano es necesaria para los periódicos y las revistas, es decir, para los portadores de la información impresa. Por lo menos, ninguno de los intentos hechos hasta ahora para vender una edición on line, que el suscriptor leerá en la pantalla o se bajará de su ordenador, ha tenido mucho éxito. Los suscriptores quieren que su periódico les sea entregado en su casa.

Los diagnósticos y los resultados de pruebas médicas se depositan cada vez más en Internet. Pero prácticamente todo lo que se refiere al cuidado de las enfermedades —desde el examen del médico hasta la cirugía, la medicación y la rehabilitación física— tiene que efectuarse donde esté el paciente. Lo mismo sucede con los servicios poscompra, tanto si se trata del mantenimiento de un producto físico, por ejemplo, una máquina o una bicicleta, como de algo no físico, por ejemplo, un préstamo bancario.

Coches por correo electrónico

Sin embargo, al mismo tiempo, cualquier empresa, es más, cualquier institución que pueda organizar la entrega del producto, puede actuar en cualquier mercado, en cualquier lugar, sin tener una presencia física allí.

Un ejemplo: Una de las empresas de más rápido crecimiento de Estados Unidos hoy es un vendedor de automóviles por correo electrónico, CarsDirect.com. Con sede en un barrio de Los Ángeles, fue fundada en fecha muy reciente, enero de 1999. En julio de 1999, CarsDirect.com se había convertido en uno de los veinte mayores concesionarios de coches del país, operando en cuarenta de los cincuenta estados de la Unión y vendiendo mil vehículos al mes. No debe su éxito a unos precios más bajos ni a proezas particulares en la venta de coches; en realidad en estos campos sigue muy por detrás de otras empresas del sector, que también venden a través del comercio electrónico y son más antiguas y mayores, como Autobytel.com o CarPoint.com, que es una filial de Microsoft. Pero CarsDirect, a diferencia de sus competidores, ha organizado un sistema de entrega único. Ha contratado a mil cien concesionarios tradicionales, distribuidos por todos los lugares del país, para entregar cada coche vendido por CarsDirect a su comprador en su lugar de residencia, con una fecha de entrega garantizada y un servicio de calidad controlada.

La entrega del producto es igualmente importante —puede que lo sea incluso más— en el comercio electrónico entre empresas. Y según todos los indicios, ese comercio está creciendo aún más rápidamente que el comercio electrónico minorista y se está convirtiendo en transnacional todavía más deprisa.

El comercio electrónico separa, por vez primera en la historia de los negocios, la venta y la compra. La venta queda completada cuando el pedido ha sido recibido y pagado. La compra sólo se completa cuando lo comprado ha sido entregado y, en realidad, no hasta que los deseos del cliente han quedado satisfechos. Y mientras que el comercio electrónico exige la centralización, la entrega tiene que estar totalmente descentralizada. En última instancia tiene que hacerse de forma local, cuidadosa y precisa.

Al igual que el comercio electrónico separa la venta y la compra, también separa la elaboración y la venta. En el comercio electrónico, lo que ahora conocemos como «producción» se convierte en obtención. No hay absolutamente ninguna razón por la que una instalación cualquiera de comercio electrónico tenga que limitarse a comercializar y vender los productos o marcas de un único fabricante.

En realidad, como demuestran Amazon.com y CarsDirect.com, la gran fuerza del comercio electrónico es precisamente que provee al cliente de toda una serie de productos, sin importar quien los fabrique. Pero en las estructuras empresariales tradicionales, la venta se sigue entendiendo y organizando como algo al servicio de la producción o como centro de costes que «vende lo que hacemos». En el futuro, las compañías de comercio electrónico «venderán lo que podemos entregar».

(2000)

5. La nueva economía aún está por llegar

Esta entrevista fue realizada por James Daly, redactor jefe de la revista *Business 2.0*, en el despacho del autor en Claremont, California. El autor especificó los temas y las preguntas del entrevistador. El propio autor revisó el borrador y dio la forma final al texto. La entrevista apareció en el número de *Business 2.0* del 12 de agosto de 2000.

JD:Muchas de las compañías más nuevas de Internet tienen dificultades para mantenerse a flote. ¿Qué están haciendo mal?

PD:No creo que estén haciendo nada mal. Lo que sucede es que no están haciendo nada bien. Es muy probable que la época en que se conseguía, automáticamente, un montón de dinero simplemente por llamarse puntocom haya acabado. Muchas de esas nuevas empresas de Internet no eran nuevas empresas en absoluto. No eran más que apuestas bursátiles. Si había un plan de negocio, sólo era el de lanzar una OPI (oferta pública inicial) o ser adquirida. No era construir una empresa. Y me horroriza la codicia de los ejecutivos de hoy día.

JD:¿Es demasiado tarde para salir de esa caída en picado?

PD:Posiblemente. A muchas de esas empresas, les resultará cada vez más difícil conseguir capital riesgo. En una ocasión trabajé para un viejo financiero. Decía que cualquier empresa que empieza y promete tener resultados en menos de cinco años es una farsante, pero que cualquier nueva empresa que no tiene un *cash-flow* positivo en dieciocho meses es también una farsante. Bien, puede que eso resultara un poco demasiado ortodoxo hoy. El hecho de que algunas nuevas empresas de Internet necesiten mucho tiempo para llegar a ser rentables está bien. Amazon.com es un caso típico. Eso no me preocupa. Pero muy pocas de las nuevas empresas de Internet tendrán nunca un *cash-flow* positivo. Y una empresa no es eso.

JD:El argumento que ofrecen muchas nuevas empresas es que se limitan a comprar tierras mientras la tierra es barata. Es decir, que gastarán un montón de dinero hoy para hacerse con una cuota en la mente de posibles compradores y eso llevará a una cuota de mercado y, finalmente, a la rentabilidad en el futuro.

PD:De acuerdo, pero sólo se puede financiar esa «cuota de mente» si se tiene el *cash-flow* necesario. Había exactamente los mismos argumentos en la década 1920, aunque el término *mind-share* («cuota de mente») no existía. También cuota de mercado era un término desconocido entonces. Los términos son nuevos, pero las ilusiones o promesas son viejas y han sido las mismas en todos los periodos de auge que ha habido. Lo típico es que el auge especulativo preceda al crecimiento de las verdaderas empresas en diez años. El primer gran auge especulativo de nuestra economía moderna fue el de los ferrocarriles. El gran auge del ferrocarril inglés de los años treinta del siglo diecinueve llevó al desplome de muchas de las principales compañías a principios de la década de 1840. Después de eso, la construcción del ferrocarril empezó en serio. Lo mismo sucedió en este país después de la Guerra Civil. El auge del ferrocarril se produjo en la década de 1850, pero la construcción y los beneficios sólo empezaron de verdad con el transcontinental después de la Guerra Civil.

JD:¿Sigue siendo aplicable ese espacio de tiempo de diez años entre los inicios y el auge? ¿Cree que será necesaria una década antes de que veamos surgir a los verdaderos campeones de la Nueva Economía?

PD:Sí. La promesa de cualquier nueva empresa de cualquier nuevo sector es que hay que recuperar cada penique que se gaste. Pero si no se cuenta con el *cash-flow* necesario, tendrá que depender de unas inyecciones cada vez mayores de nuevo dinero; es decir, capital de inversión. Si no se consigue que lo que llaman «cuota de mente» se traduzca en cuota de mercado, la empresa tendrá que depender de las ganancias en el mercado bursátil y no de las ganancias del negocio. Y eso es muy, muy arriesgado. Te hace enormemente vulnerable al más mínimo revés.

JD:Si es así, muchas compañías de la Red son apuestas en el mercado bursátil, ¿qué pasa con las compañías establecidas de forma tradicional? ¿Cómo les va cuando dan el salto a los negocios on line?

PD:Todos, y yo también me incluyo, subestimamos enormemente la rapidez con que las viejas empresas serían capaces de adaptarse al comercio electrónico, más aun, de convertirse en líderes. Déjeme que le dé un ejemplo: Hace cuatro años, le dije a una de las más grandes compañías del automóvil del mundo que tendrían que estar presentes en Internet. Me escucharon educadamente, lo cual significa que no me apedrearon, pero pensaron que estaba absolutamente loco. Ahora esa misma empresa ha puesto en marcha un colectivo de compra en Internet y trabaja con, por lo menos, otras dos y probablemente otras cuatro o cinco grandes compañías del automóvil. Las compras en régimen de cooperativa se convertirán en un mercado mundial de subastas y están actuando de una forma muy decidida. Pero han sido necesarios cuatro años. Y siguen centrándose sólo en sus propias marcas, en lugar de llevar multitud de ellas, como hace la gente puntocom. Los dos lados tienen todavía mucho que aprender el uno del otro.

JD:¿Es importante ser una organización con múltiples marcas?

PD:Es crítico. Si eres, digamos, Ford y vas a Internet, vendes coches Ford a los concesionarios Ford. No obstante, si eres una de las compañías puntocom, vendes todas las marcas y encuentras al concesionario para cada una. Eso les da a las puntocom una enorme ventaja, pero sólo de momento. No sé cuál de los grandes fabricantes de automóviles va a darse cuenta de que su fuerza de marketing le permite convertirse en vendedor de todas las marcas y, en especial, de las marcas que no tienen el volumen necesario. Por lo que yo sé, todos están trabajando en ello. Démosles otros seis meses. Bien es verdad que tienen graves problemas internos con estas cosas; con sus concesionarios, con sus propios empleados. Tienen que superar todo eso.

JD:¿Hay nuevos baremos para medir el éxito en una compañía de Internet?

PD:Eso es más de lo que puedo contestar. Mucho más. Pero no estoy seguro de que vayan a ser diferentes de los tradicionales. Hay una vieja teoría general en la valoración bursátil que considera que el valor de unas acciones es la valoración de sus futuras ganancias. Se puede decir mucho a favor de esa teoría. Funciona muy bien durante periodos de tiempo bastante largos. Y encaja perfectamente en el auge puntocom, que descansa sobre una valoración basada en las expectativas de futuras ganancias. Cuando la deuda disminuye, las expectativas de futuras ganancias son más importantes y las empresas establecidas, aunque no necesariamente sólo las grandes compañías, tienen una enorme ventaja, porque su coste de capital es mucho menor. Si el coste de capital se basa en unos enormes incrementos en el mercado de valores, entonces resultará realmente demasiado alto si las expectativas caen. No obstante, sigo pensando que es muy necesaria una nueva economía.

JD:¿De qué tipo? ¿Cuáles son los factores más importantes que tendría para valorar una puntocom?

PD:Lo que yo crea carece de importancia. Lo que importa es que los posibles inversores considerarán esas compañías de una manera muy diferente y eso está muy claro.

JD:¿En su opinión, qué aspecto tendrá la corporación del futuro?

PD:¿Qué corporación? ¿Qué clase de corporación? Curiosamente, el impacto de Internet puede ser mucho mayor en las organizaciones no lucrativas que en las empresas con fines de lucro. Y en la educación superior. El coste del recurso básico, la capacidad intelectual, está aumentando muy rápidamente. Es ya muy caro. La gente lista e innovadora se ha vuelto increíblemente cara. Pueden ganar todo el dinero que quieran manteniéndose como trabajadores independientes en lugar de trabajar para una única empresa, y no importa cuáles sean las opciones de compra de acciones que les ofrezcan.

El impacto de la Red en la educación superior será, casi con total certeza, muy superior al que ha tenido en cualquier empresa. El trabajador del saber medio sobrevivirá a la organización empleadora media. Es la primera vez en la historia que esto sucede. Hoy en día, debe tener muchos conocimientos y, con frecuencia, debe estar muy focalizado. Así que el centro de gravedad de la educación superior está pasando de la educación de los jóvenes a la educación continuada de los adultos. Antes, en las empresas, los conocimientos cambiaban muy lentamente. Mi apellido, *Drucker*, es holandés. Significa «impresor». Mis antepasados fueron impresores en Amsterdam, desde alrededor de 1510 hasta 1750 y durante todo ese tiempo no tuvieron que aprender nada nuevo. Todas las innovaciones básicas de la imprenta anteriores al siglo XIX se habían hecho antes del siglo XVI. Sócrates era cantero. Si volviera a la vida y fuera a trabajar a una cantera, le costaría unas seis horas ponerse al día. Ni las herramientas ni los productos han cambiado.

JD:¿Cree que esta búsqueda en curso de una educación permanente afectará a la estructura de la corporación?

PD:Casi con toda seguridad. No es probable que la corporación como la conocemos hoy, con sus ciento veinte años de existencia, sobreviva a los próximos veinticinco años. Legal y financieramente sí, pero no estructural y económicamente.

La corporación actual está estructurada en torno a niveles de dirección. La mayoría de esos niveles son relés de información y, como cualquier relé, son muy malos. Cada transferencia de información reduce el mensaje a la mitad. Será necesario que haya muy pocos niveles de dirección en el futuro y los que transmitan la información tendrán que ser muy listos. Pero los conocimientos, como usted sabe, suelen quedar desfasados con una rapidez increíble. La educación profesional continuada de los adultos es el sector de crecimiento número uno de los próximos treinta años, pero no en la forma tradicional. En cinco años, impartiremos on line la mayoría de nuestros programas de gestión para ejecutivos. Internet combina las ventajas de la clase y del libro. En un libro, puedes volver atrás, a la página dieciséis. En una clase, no, pero en una clase, cuentas con una presencia física. Y en Internet tienes las dos cosas.

JD:Hace varios años, estableció las cinco cosas que se deben hacer y las tres que no se deben hacer en innovación. Si creara esas normas para la innovación hoy, ¿cuáles serían?

PD:Hoy es necesaria una organización que sea no sólo innovadora, sino líder del cambio. Hace cinco años, existía una enorme cantidad de literatura sobre creatividad. La mayor parte de la creatividad es sólo trabajo duro y sistemático. Hace quince años, todo el mundo quería ser una compañía innovadora, pero a menos que se sea una empresa «líder del cambio», no se tendrá la mentalidad necesaria para la innovación. La innovación tiene que contar con un planteamiento sistemático. Y es muy impredecible. Mire, usted lleva cremallera en los pantalones, ¿no?

JD:La última vez que miré, sí.

PD:¿No lleva botones?

JD:No, no llevo botones.

PD:Pero si se piensa en la invención de la cremallera, es algo totalmente ilógico. No podía, de ninguna manera, ser un éxito en la industria de la confección. Se inventó para cerrar balas de mercancías pesadas, como los cereales, en el puerto. Nadie pensó en la ropa. Resultó que el mercado no estaba donde pensaba el inventor. Y esto sucede una y otra vez. La primera conflagración importante después de las guerras napoleónicas fue la Guerra de Crimea de 1854 y causó unas bajas horribles. Se hizo muy importante descubrir un anestésico que pudiera usarse en el campo de batalla. Una de las primeras cosas que encontraron fue la cocaína. Se suponía que no era adictiva y todo el mundo empezó a utilizarla, incluso Sigmund Freud. Pero era adictiva y hubo que abandonarla. Alrededor de 1905, un alemán inventó el primer anestésico no adictivo, llamado novocaína. El inventor pasó los veinte últimos años de su vida tratando de conseguir que todo el mundo lo usara. Pero, ¿quiénes lo usaban? Los dentistas. Y el inventor no podía creer que su noble invención pudiera utilizarse para algo tan vulgar como empastar muelas. Es decir, que el mercado no está nunca donde el inventor cree que estará.

No superan el 10 o el 15% las innovaciones que están a la altura de los deseos de quienes las descubrieron. Otro 15, 20 ó 25% no son desastres, pero tampoco son éxitos. Al cabo de cinco años, dirán que se trata de una bonita especialidad. Sabe lo que eso significa, ¿verdad? Significa que tiene que envolverla en un contrato y regalarla. Un sesenta por ciento son notas a pie de página, en el mejor de los casos. Llegar en el momento oportuno es también importante. Un invento puede no tener éxito, pero diez años más tarde otro hace lo mismo, le da un ligero giro y encaja. A veces las estrategias son más importantes que la propia innovación. El problema es que raramente se tiene una segunda oportunidad.

JD:¿Cree que una organización tendría que involucrarse en el proceso de la destrucción creativa, tal como lo describe Clayton M.Christensen en *The Innovator's Dilemma*?

PD:Estoy absolutamente convencido, pero es necesario que sea un proceso continuado y que esté organizado. Déjeme que le dé el ejemplo de una compañía para la que trabajé. Una bastante grande, líder en un campo mundial especializado. Cada tres meses, un grupo de gente de la organización —gente joven, nuevos empleados, pero nunca las mismas personas— se reúne y observa un segmento de los productos o servicios o procesos o políticas de la empresa con una pregunta: «Si no estuviéramos haciendo esto, ¿nos pondríamos a hacerlo ahora de la manera en que lo estamos haciendo?» Y si la respuesta es no, entonces la pregunta es: «¿Qué haríamos?» Cada cuatro o cinco años, la compañía abandona sistemáticamente o, por lo menos modifica, cada uno de sus productos y procesos y, especialmente, sus servicios. Ese es el secreto de su crecimiento y rentabilidad.

Una empresa tendría que ser capaz de eliminar sus desperdicios. El cuerpo humano lo hace automáticamente. En el cuerpo corporativo, hay una enorme resistencia a hacer lo mismo. Abandonar cosas no es tan fácil y no subestime el efecto que ese abandono puede tener. Tiene un tremendo impacto en la mentalidad de la gente y de la organización. A veces, una llamada mejora puede llegar a convertirse en un nuevo producto. De las personas y empresas que conozco, un 70% de las novedades proceden de una ligera modificación de lo que ya existía. El mejor ejemplo que conozco es, probablemente, GE Medical Electronics. Es un líder mundial, pero no muchos de sus productos han salido de la innovación; son más los que han salido del perfeccionamiento.

JD:¿Algún comentario sobre el proceso antimonopolio contra Microsoft?

PD:El antimonopolio es una obsesión de los abogados norteamericanos, pero que a mí no me interesa lo más mínimo. Cualquier monopolio es como un paraguas que protege contra las nuevas empresas, pero no me preocupan los monopolios porque siempre acaban por hundirse. Tucídides escribió que la hegemonía se mata a sí misma. Un poder que tiene la hegemonía siempre se vuelve arrogante. Se vuelve soberbio. Y hace que el resto del mundo se una contra él. Siempre hay otro poder compensatorio que reacciona. Un sistema hegemónico es muy autodestructor. Actúa a la defensiva, se vuelve arrogante y defensor del ayer. Se destruye a sí mismo. Por lo tanto, ningún monopolio vive mucho tiempo.

Lo mejor que podría pasarle a cualquier viejo monopolio es que lo dividieran. Los Rockefeller estaban casados con el queroseno. Consideraban que la gasolina era una moda pasajera. Cuando Standard Oil fue dividida, estaba en decadencia. Las nuevas compañías que se concentraban en el creciente mercado del automóvil, como Texaco, crecían a pasos agigantados. Y cinco años más tarde, la fortuna de los Rockefeller era diez veces mayor que antes de la división.

Así que creo que lo mejor que le podría pasar a Microsoft sería que la dividieran en varias partes. No creo que Bill Gates estuviera de acuerdo conmigo, pero tampoco el señor Rockefeller estaba de acuerdo.

Batalló contra la división de Standard Oil hasta el último momento. AT&T también luchó hasta que estuvo claro que era inútil. Y lo mismo sucedió con IBM y el viejo Watson, a quien yo conocía muy bien. No el hombre que construyó IBM, sino su padre, que tuvo la visión del ordenador ya en 1929, pero que cuando se convirtió en un peligro para la empresa de las fichas perforadas, hizo todo lo que pudo por acabar con él. Y el pleito antimonopolio permitió a sus amantes hijos sacarse al viejo de encima. Eran clientes míos; amigos míos.

JD:Una de las obras seminales que usted ha escrito fue *The Age of Discontinuity*. Si la revisara hoy, en estos tiempos de cambio acelerado, ¿qué cambiaría o añadiría?

PD:No lo sé, porque hace treinta años que no he leído ese libro. No leo mis libros viejos, escribo nuevos. Pero haría mucho más hincapié en los factores demográficos y en la globalización; mucho más hincapié en Internet, especialmente en el comercio electrónico entre empresas. No es posible predecir qué aspecto tendrá la Nueva Economía o la nueva sociedad, pero es posible ver ciertas tendencias y hay algunas cosas que creo que se pueden prever.

En los últimos cuarenta o cincuenta años, ha dominado la economía. En los próximos veinte o treinta, dominarán las cuestiones sociales. El rápido aumento de la población de edad avanzada y la rápida disminución de la población joven significa que habrá problemas sociales.

Debido a los avances industriales, la producción aumentará exponencialmente. Pero el empleo industrial está desapareciendo. Los puestos de trabajo para obreros de fábrica y la cuota de la industria manufacturera en el producto nacional bruto están bajando. Cuando salimos de la Segunda Guerra Mundial, la agricultura empleaba todavía al 25% de la fuerza laboral y producía un 20% del producto nacional bruto. Ahora esos porcentajes son del 3 y el 5% respectivamente. Y la industria va en la misma dirección, pero quizás a un nivel no tan bajo. Si traduce los precios de las mercancías fabricadas a dólares estables, verá que han ido bajando por lo menos un 1 o un 2% anual desde 1960.

JD:¿Cómo es posible gestionar con éxito en este tiempo de cambios espectaculares?

PD:Es muy tentador gestionar sólo para el corto plazo, pero muy peligroso. Una de las cosas que los directores tienen que aprender, y muy pocos de ellos lo hacen, es a equilibrar el corto y el largo plazo. Diría que una proeza única de Jack Welch, director general de GE, es que ha creado las herramientas necesarias para vigilar el corto plazo financiero —y no quiero decir seis meses, sino tres años— pero, al mismo tiempo, insiste decididamente en preparar a la gente para el largo plazo. Llámelo una estrategia de poder mental. Esto le resultó bastante fácil a GE porque, ya en la década de 1920, elaboró una estrategia financiera moderna y sólida y fue una de las primerísimas compañías en preparar, allá por 1930, una estrategia de recursos humanos. Así que todo eso son tradiciones de GE. Jack Welch ha situado ese equilibrio en primer plano en su compañía. Recibe informes mensuales de cada una de sus 167 empresas, estoy seguro, pero invierte en la gente con siete años de adelanto.

JD:¿Cómo se convierte la transición en una ventaja?

PD:Observando cada cambio, mirando por todas las ventanas. Y preguntando: «¿Podría ser esto una oportunidad? ¿Es esta novedad un cambio genuino o, simplemente, una moda?» Y la diferencia es muy simple: Un cambio es algo que la gente hace y una moda es algo de lo que la gente habla. Si se habla mucho de algo, es que es una moda pasajera. Tengo un viejo amigo que es un hombre importante en una gran institución. Creo que le acusaban de no cambiar nunca nada. Tiene una organización muy próspera, de mucho éxito, y dijo que comprar un libro sobre el cambio resulta mucho más barato que cambiar nada. También hay que preguntarse si estas transiciones, estos cambios, son una oportunidad o una amenaza. Si empieza por considerar que el cambio es una amenaza, nunca innovará. No deseche algo simplemente porque no es lo que usted había planeado. Lo inesperado es, con frecuencia, la mejor fuente de innovación.

Recuerde que muchas transiciones pueden no tener valor alguno para un negocio en particular. También puede darse el caso de que sean enormemente valiosas para alguna otra institución, pero que carezcan de importancia para nosotros. No cambian nuestro mercado, no cambian nuestros clientes, no cambian nuestra tecnología y en su mayor parte son cosas de las que sólo se habla en los congresos. Así que la mayoría de esas cosas no son para nosotros. Puede que leamos sobre esos cambios. Es muy interesante y yo suelo poner una señal y hacer que todos mis colaboradores y empleados lean lo que se dice. Y que lo comenten. Y yo lo recordaré y, cinco años más tarde, sí, quizá haga algo. Son cosas que se convierten en parte de mi equipo instrumental. Es decir, que hay que vigilar en cada ventana.

JD:¿Cuál cree que es el futuro de la empresa en Internet?

PD:Creo que es demasiado temprano para especular sobre el comercio electrónico. Nunca se sabe cómo un nuevo canal de distribución cambiará lo que se distribuye y cómo cambiarán los valores de los consumidores. Si el comercio electrónico se lleva aunque sólo sea una parte relativamente pequeña del negocio total del consumo (y puede que se lleve una parte bastante grande), tendrá un profundo impacto y obligará a los canales de distribución existentes a cambiar radicalmente.

Creo que una hipótesis que tiene muchas probabilidades de acertar es un sistema que use el comercio electrónico para la venta y una instalación física para la entrega. Es algo que ya se está desarrollando muy rápidamente en Japón. Ito-Yokado es probablemente el mayor detallista del mundo hoy. Y son propietarios, entre otras cosas, de las tiendas 7-Eleven japonesas. Japón tiene diez mil tiendas 7-Eleven. Porque un problema fundamental del comercio electrónico es la entrega del producto o el servicio.

La entrega tiene que ser local. Eso es bastante fácil si vendes libros. Los libros tienen una relación peso-valor enormemente alta. Casi no hay ningún otro producto, salvo los diamantes que tenga una relación tan alta. Se envían con mucha facilidad y aunque es verdad que están expuestos a sufrir daños, son bastante resistentes. En todo el mundo, los gastos de transporte de los libros son artificialmente bajos. Están fuertemente subvencionados. En este país, acertaríamos si dijéramos que le cuestan a Correos cuatro veces más de lo que cobra. Así pues, los libros son fáciles de entregar, pero los tractores no lo son tanto. Y los productos perecederos son imposibles. Por eso, diría que hay muchas probabilidades de que veamos surgir un sistema en el cual la venta sea on line y la entrega en un lugar físico. En los 7-Eleven japoneses, el reparto de encargos hechos on line representa ya alrededor de un 40% de lo que venden. 7-Eleven se queda una pequeña comisión, pero no les cuesta nada, es un puro chollo. Creo que eso es algo probable. Otros cambios son también profundos, porque por vez primera, la venta, la fabricación y la entrega son aspectos independientes. En los últimos cincuenta años, el centro de poder ha ido pasando a la distribución, un cambio que se ha acelerado en varios órdenes de magnitud. ¿Cuántas plantas de fabricación sobrevivirán? No muchas. Pero hasta ahora, el distribuidor ha despilfarrado ese poder. Los distribuidores tienen ya las marcas, pero sólo muy pocos de los mayores fabricantes tienen marcas con un verdadero prestigio en el mercado del consumo.

En otros terrenos, el diseño de un producto, su elaboración, marketing y mantenimiento se convertirán en negocios independientes. Quizá sean propiedad del mismo control financiero, pero básicamente estarán dirigidos como empresas separadas. Ford está considerada una empresa de fabricación, pero fabrica muy poco; lo que hace es montar, lo cual es un cambio radical respecto a la idea de la producción en serie. Por lo tanto, los cambios son muy profundos y de muy larga duración. Y sólo estamos empezando a comprender qué significa todo esto.

(2000)

6. El director general en el nuevo milenio

Hace unos años, como todos recordamos, se habló muchísimo del «fin de la jerarquía». Todos íbamos a ser una tripulación numerosa y feliz, que navegaría unida en el mismo barco. Bien, eso no ha sucedido y no va a suceder por una sencilla razón: Cuando el barco se hunde, no se convoca una asamblea, se da una orden. Tiene que haber alguien que diga: «Basta de titubeos, esto es lo que vamos a hacer». Sin alguien que tome las decisiones, nunca se toma una decisión. Además, conforme nuestras instituciones corporativas se vuelven cada vez más complejas —tecnológica, económica y socialmente— más necesidad tenemos de saber exactamente quién es la autoridad final. Por lo tanto, en lugar de hablar de la desaparición o el debilitamiento de la alta dirección, quiero centrarme en las nuevas exigencias a las que se enfrenta.

Si echamos una mirada a la posición del director general a lo largo de los últimos quince años, más o menos, hay cinco puntos clave que me parece que se destacan claramente, todos relacionados entre sí, pero también bastante independientes. ¿Cuáles son estos puntos y cómo, precisamente, afectarán a la profesión de ejecutivo?

Transformar la gestión

Estoy absolutamente seguro de que dentro de quince años la gestión de las corporaciones será esencialmente diferente que en el presente.

La razón por la que estoy tan seguro es que estamos presenciando un cambio fundamental en la estructura de la propiedad de las grandes empresas y esto va invariablemente de la mano de cambios en la forma de gestión.

Hoy, especialmente en los países desarrollados, las consideraciones económicas son lo que rige en última instancia los intereses de la propiedad. Tenemos un ejemplo en la población de más edad. En Estados Unidos, la población envejece. Como resultado, cada vez hay más personas que se preocupan por sus futuros recursos económicos. Esto aumenta la importancia de los fondos de pensiones, de cómo y dónde se invierten. Cuestiones como éstas influyen en la composición y los intereses de los propietarios de las grandes empresas. Es razonable, me parece, decir que al inversor institucional, en tanto que propietario decisivo, ya no hay quien lo haga desaparecer.

¿Qué significa esto para la gobernación de la empresa y para el director general? Se va a plantear un enorme reto para educar a los nuevos propietarios, muchos de los cuales, como he observado, son financieros. En un tiempo fui analista de valores, y eso me da permiso para decir que es virtualmente imposible hacer que alguien procedente del mundo de las finanzas comprenda a las empresas. No estoy hablando en broma. Los financieros no se ocupan de equilibrar elementos que, con frecuencia, son conflictivos; corto o largo plazo, continuidad o cambio, mejorar hoy o crear mañana. Los líderes corporativos que bregan con esas cuestiones cada día saben la cantidad de esfuerzo que entrañan, pero es difícil que los financieros lo comprendan. Por supuesto, estos nuevos propietarios tienen que resolver sus propios problemas y presiones, y el sistema de pensiones estadounidense y la forma de aumentar los beneficios corporativos no son los menores.

Una de las tareas más críticas que tendrán que desempeñar los directores generales será pensar en todo esto con relación a su empresa en particular e idear medios para llegar a un equilibrio razonable. Los ejecutivos que cuentan con experiencia en la tarea de alcanzar el equilibrio corporativo, suelen descubrir que tienen un instinto bastante bueno para lo que es necesario hacer, incluso cuando no es fácil hacerlo e incluso aunque quizá cometan errores. Pero la peor equivocación es tratar de evitar la cuestión de la gestión. Muchas personas que conozco tratan de esquivar el problema, escondiéndose detrás del insensato *mantra* de «Dirigimos este lugar por el interés a corto plazo del accionista».

Creo que estamos llegando al final de esa actitud. Los líderes de hoy tienen que aceptar que, al dirigir la empresa, no se rigen por el interés del accionista, no en la forma en que se expresa en el índice Dow Jones de ayer. En los próximos quince años, no sólo tendrán que enfrentarse a la gestión y transformarla, sino hacer lo mismo con los conceptos y herramientas relacionados con ella. Y no sólo en Estados Unidos. No hay ningún país que pueda alardear de tener éxito actualmente en la gestión corporativa. Ya no funciona en Alemania y ya no funciona en Japón. La estructura de la propiedad ha cambiado de forma fundamental, drástica y permanente, en todas partes.

Muchos ejecutivos han empezado ya a abordar la cuestión de la gestión. Han descubierto que no es fácil, pero tampoco es imposible. Aquellos ejecutivos que todavía no han hecho frente a ese reto averiguarán que no les queda más remedio que hacerlo en la próxima década.

Nuevas formas de abordar la información

Hemos oído hablar de forma interminable de que estábamos viviendo una Revolución de la Información y así es ciertamente. Hace cuarenta años, cuando apareció el ordenador, la mayoría de las personas lo veían como una máquina de sumar extremadamente rápida. No obstante, unos cuantos lo tomamos más en serio y vimos que era un nuevo medio de procesar información. Estábamos convencidos de que en el espacio de veinte o treinta años, la nueva información transformaría la tarea de dirigir la empresa.

Pero hasta ahora, salvo quizás en las fuerzas armadas, nuestra capacidad de información no ha tenido apenas impacto en el modo en que llevamos nuestros negocios. Donde hemos visto un efecto tremendo es en la forma en que ejecutamos las operaciones.

Dos ejemplos: Mi nieto, que está completando sus prácticas de arquitectura, me enseñó recientemente el *software* que usa para acabar su tesis final, un proyecto para una gran firma de arquitectos. Esa empresa presentó una oferta para diseñar el sistema de calefacción, electricidad y fontanería de una nueva prisión. El *software* que me enseñó mi nieto puede, literalmente en un abrir y cerrar de ojos, hacer el trabajo para el que antes eran necesarios cientos de personas. Mientras tanto, en las facultades de medicina y en los hospitales clínicos, las sesiones de realidad virtual están proporcionando un medio nuevo y eficaz para preparar a los cirujanos. Hasta ahora, éstos no veían una operación quirúrgica auténtica hasta su último año de residencia; antes de eso, lo único que veían era la espalda del cirujano que estaba realizando la operación. Hoy, los jóvenes cirujanos pueden hacer realmente lo que es esencial para aprender técnicas quirúrgicas; pueden practicar. Y con la realidad virtual pueden hacerlo sin poner en peligro el bienestar de los pacientes.

En las empresas de todos los sectores, la tecnología de la información ha tenido un impacto evidente. Pero hasta ahora, ese impacto sólo se ha hecho sentir en elementos concretos, no en los intangibles como la estrategia y la innovación. Así que, para un director o directora general, la nueva información ha tenido pocas repercusiones en la forma en que toma decisiones. Eso tiene que cambiar.

Tomemos dos situaciones con las que están familiarizados la mayoría de directores generales. Hoy prácticamente todas las corporaciones tienen un director financiero de quien depende el departamento de contabilidad. Este es nuestro sistema de información más antiguo y está desfasado en más de un sentido, pero las empresas se aferran a la contabilidad porque es lo que comprenden; les resulta familiar. De igual modo, muchas compañías tienen un director de informática que es el responsable de un sistema de ordenadores que suele ser enormemente caro.

Pero ninguno de los dos directores saben nada de nada de información. Entienden de datos y, dentro de quince años, los dos dependerán de un único director y los dos serán diferentes. Los cambios que se están produciendo ahora en la contabilidad son los más sustantivos desde la década de 1920. Entre ellos están la contabilidad basada en la actividad, la contabilidad de la cadena económica y otras más. En esencia, estamos cambiando los registros básicos para dar cabida a la actual realidad económica, algo que nunca fue el objetivo de la contabilidad. Al mismo tiempo, estamos fusionando esto con nuestra capacidad de producción de datos, de forma que tendremos un sistema de información con un aspecto muy diferente. Pero, sin embargo, ese sistema no le dará al director general la información que él o ella más necesitan; la información de lo que sucede fuera de la empresa.

Uno de los mayores errores que he cometido durante mi carrera fue acuñar el término *centro de beneficios*, allá por el año 1945. La verdad es que dentro de la empresa, sólo hay centros de costes. El único centro de beneficios es un cliente cuyo cheque no ha sido devuelto. No sabemos literalmente nada del exterior y, sin embargo, incluso si somos la empresa líder de un sector, la enorme mayoría de quienes compran nuestro tipo de productos no son clientes nuestros. Si tenemos un 30% del mercado, somos la empresa gigante. Pero eso significa que un 70% de los consumidores no compran nuestro producto o nuestros servicios, y no sabemos nada de ellos.

Esos «no clientes» son especialmente importantes porque representan una fuente de información que puede ayudarnos a calibrar los cambios que afectarán a nuestro sector. ¿Por qué es así? Si miramos los cambios habidos en los sectores más importantes durante los últimos cuarenta años, veremos que prácticamente todos se produjeron fuera del mercado o producto o tecnología existentes. Cualquiera que sea la empresa, los altos cargos tienen que pasar más tiempo fuera de su propia casa. No cabe duda que llegar a conocer a nuestros «no clientes» no es ni mucho menos fácil, pero es realmente el único camino para ampliar nuestros conocimientos. Por ejemplo, para las personas que conozco que han tenido éxito en sus negocios en Japón, siempre fue cuestión de principios estudiar la historia japonesa antes de establecer contacto con ese país. En Estados Unidos tenemos la suerte de contar con nuestra diversidad cultural; y deberíamos utilizar ese activo en ventaja propia.

En el siglo XIX, se podía dar por sentado que cada sector importante engendraba una tecnología específica, y que las tecnologías de diferentes sectores nunca se encontrarían. Esta es la hipótesis sobre la que se han fundado todos los laboratorios de investigación, empezando por el de Siemens en Alemania, en 1869. Ese supuesto ya no es válido. Las tecnologías se entrecruzan constantemente y la productividad no garantiza los logros. En los últimos treinta años, Bell Laboratories ha sido más productivo que en cualquier otro momento de su historia, pero ¿cuál ha sido su historial de innovaciones tecnológicas de peso durante ese periodo?

No hay duda de que las empresas tienen que comprender qué sucede fuera de su esfera. Pero hasta ahora, casi no hay información alguna y la poca que hay es anecdótica, en el mejor de los casos. Estamos sólo empezando a aprender cómo cuantificar esa información. Hasta ahora, cuando oigo que alguien afirma que lo ha hecho, sé que ese alguien ha inclinado la balanza a su favor.

Mando y control

Estrechamente asociado con lo anterior hay otro factor; cada vez se hace menos trabajo de la manera tradicional, esa manera en que las compañías (especialmente las grandes) tratan de controlar todo lo que necesitan y hacen dentro de una esfera de poder definida. No me siento necesariamente contento con la forma en que esto se está produciendo. La gente derrocha palabrería al hablar de la desaparición del mando y control. Sí, pero, ¿qué ocupa su lugar? Vemos un número cada vez mayor de empresas que trabajan con contratistas y empleados eventuales, un aumento en el número de empresas conjuntas, un crecimiento en la contrata externa... todo tipo de relaciones. Es probable que muchos de los que trabajan para una compañía no sean empleados suyos y una de las predicciones que me han llegado es que dentro de pocos años, el número de personas que no serán empleados de la organización para la que trabajan, incluyendo el gobierno, será mucho mayor que el de los de plantilla.

Una señal de que esto está sucediendo es el crecimiento explosivo de los expertos, los consultores de empresa. En una ocasión le prometí a *Harvard Business Review* un artículo sobre el consultor de empresa, una especie de guía del usuario (algo que los directores generales necesitan urgentemente). No pude hacerlo. Están sucediendo demasiadas cosas. A mi modo de ver, esta es una señal de que, cada vez más, las aportaciones que necesitamos no vendrán de las personas o las organizaciones que controlamos, sino de las personas y las organizaciones con quienes estamos relacionados o asociados, personas a quienes no podemos mandar.

Quienes participan con éxito en empresas conjuntas comprenden que no se puede «mandar» a un socio. Trabajar con un socio es, esencialmente, una tarea de marketing y eso significa hacer preguntas: ¿Cuáles son los valores de la otra parte? ¿Y los objetivos? ¿Y las expectativas? Pero, por supuesto, hay momentos en que es esencial mandar para conseguir que se hagan las cosas. El director general del mañana tendrá que ser capaz de comprender cuándo mandar y cuándo actuar conjuntamente. No carecemos de precedentes; J.P.Morgan construyó una asociación formada por doce personas; sin embargo, sabía cuándo asumir el papel de líder, pero no se logrará sin esfuerzo.

El auge del trabajo del saber

¿Cuál va a ser la única ventaja comparativa que un país desarrollado tendrá en el futuro? Una de las lecciones que todos hemos aprendido, en parte a través de nuestra experiencia en las dos guerras mundiales, es cómo formar a alguien casi de la noche a la mañana.

Poco después del final de la guerra de Corea, fui enviado a ese país. La destrucción que había sufrido era mucho mayor que la de Alemania o Japón en la Segunda Guerra Mundial. Además, durante los cincuenta años que precedieron a la guerra, los japoneses no habían permitido la existencia de educación superior en el país. Sin embargo, con el apoyo y la formación adecuados, se necesitaron menos de diez años para transformar una fuerza laboral puramente rural (y primitiva, además) en otra altamente productiva.

Ya no podemos depender de la ventaja competitiva del saber. La tecnología viaja con una rapidez increíble. La única ventaja real que tiene Estados Unidos, quizá para los próximos treinta o cuarenta años, es una provisión importante de algo que no se crea de un día para otro: trabajadores del saber. En Estados Unidos hay doce millones de estudiantes universitarios. En China, los mejores estudiantes están inmejorablemente preparados, pero sólo hay 1,5 millones de universitarios en una población de 1.200 millones. Si la proporción fuera la misma, en Estados Unidos sólo tendríamos 250.000. Podría argumentarse que quizá tenemos demasiados, especialmente en las facultades de leyes, pero con todo, la productividad del trabajo del saber y de los trabajadores del saber es visible. El problema es que no la hemos estudiado.

Es probable que, hoy, los trabajadores del saber sean menos productivos que en el pasado porque sus programas están llenos de actividades que no reflejan su formación ni talento. Las personas mejor preparadas del mundo son los enfermeros y enfermeras de Estados Unidos. Sin embargo, cuando hacemos un estudio sobre ellos, descubrimos que el 80% de su tiempo se dedica a cosas que no tienen nada que ver con su formación. Pasan el tiempo rellenando papeles que, al parecer, nadie necesita; nadie sabe tampoco dónde van a parar, pero que, en cualquier caso, hay que rellenarlos y la tarea de hacerlo recae en el personal de enfermería. En los grandes almacenes, los vendedores pasan entre el 70 y el 80% del tiempo al servicio, no del cliente, sino del ordenador. Cómo hacer que la productividad del trabajador del saber sea la apropiada es un reto al que tendremos que enfrentarnos seriamente durante los próximos veinte años.

Con el trabajo manual, empezamos con la pregunta: «¿Cómo hace usted el trabajo?» Se da ese trabajo por supuesto. En el trabajo del saber, empezamos con las preguntas: «¿Qué hace usted?» y «¿Qué tendría que estar haciendo?» Responder a ambas es crucial si queremos mantener nuestra ventaja competitiva. Los recursos físicos ya no proporcionan una gran ventaja, como tampoco lo hace el oficio. Sólo la productividad de los trabajadores del saber representa una diferencia mensurable, y justo ahora esa productividad es bastante escasa.

Hay que atarlo todo

¿Qué significa realmente todo esto? Primero, significa que el trabajo del director general es definir con claridad qué quiere decir su empresa cuando habla de «resultados». Significa que tiene que ofrecer una comprensión clara de cuándo es hora de empujar aquí o retroceder allí, y cuándo es el momento de abandonar algo. El líder del mañana no podrá dirigir por medio de su carisma. Tendrá que pensar bien cuáles son las reglas básicas para que los demás puedan trabajar de forma productiva.

Esta será una labor muy exigente, especialmente considerando la rapidez del cambio, las expectativas de la nueva fuerza laboral y una economía mundial cada vez más competitiva. Pero será también exigente porque ya no resulta adecuado tener una política y esperar que dure años y años. Algunas empresas, como General Motors, AT&T y Sears, han tenido éxito con sus políticas a largo plazo, pero son las excepciones; la verdad es que lo corriente son diez años. Y ahora los cambios llegan con tanta velocidad que es probable que lo corriente sea tres o cuatro años.

La tarea del director general se irá pareciendo, cada vez más, al trabajo más complejo que conozco, dirigir una ópera. Tienes a tus divos y tienes que darles órdenes; tienes a los cantantes de reparto y tienes a la orquesta; tienes al personal que trabaja entre bastidores y tienes al público. Cada grupo es completamente diferente. Pero el director de ópera tiene una partitura y todos tienen la misma partitura. En una empresa hay que asegurarse de que todos los grupos convergen para producir el resultado deseado. Eso es clave para comprender lo que nos espera. No se trata de ser más o menos importante, sino de ser importante de una forma diferente. No se trata de abstenerse de dar órdenes, sino de saber cuándo dar una orden y cuándo tratar a alguien como a un socio. Y no se trata, se lo aseguro, de quitar importancia a los objetivos económicos; por el contrario, nuestros datos demográficos nos dicen que esos objetivos serán más importantes. Pero tendremos que saber cómo integrar nuestros objetivos económicos y la necesidad de construir y mantener una empresa.

(1997)

SEGUNDA PARTE
OPORTUNIDADES DE NEGOCIO

7. Los nuevos empresarios y la innovación

Esta entrevista fue realizada por George Gendron, redactor jefe de la revista *Inc.*, en el despacho del autor en Claremont, California. El autor especificó los temas y las preguntas del entrevistador. El propio autor revisó el borrador y dio la forma final al texto. La entrevista apareció en un número especial de *Inc.*, en 1996.

GG:¿Está de acuerdo en que aquí, en Estados Unidos, es donde mejor encarnamos y llevamos a la práctica el espíritu emprendedor, y que vamos muy por delante de otros países en este terreno?

PD:¡No, en absoluto! Eso es un espejismo y un espejismo peligroso. Puede que tengamos el mayor número de empresas nuevas que empiezan y que fracasan, pero eso es todo. Probablemente, ni siquiera somos el país número dos.

GG:¿Quién es el número uno?

PD:Corea, sin duda alguna. Hace apenas cuarenta años, en Corea no había ninguna industria. Los japoneses, que dominaron el país durante décadas, no lo habían permitido. Tampoco habían permitido que hubiera educación superior, así que no existían prácticamente personas instruidas en el país. Al acabar la guerra, Corea del Sur estaba destruida. Hoy es un país de categoría mundial en docenas de industrias y el líder en la construcción de buques y en otros sectores.

GG:Si Corea es el número uno y nosotros no somos el número dos, ¿quién lo es?

PD:No demasiado lejos de Corea está Taiwan, que al igual que Corea era un país preindustrial en 1950. Hoy es el líder mundial en una serie de sectores de alta tecnología, incluyendo los microchips. Y no olvidemos a los chinos, que están poniendo en marcha una nueva empresa tras otra a ambos lados del Pacífico.

GG:De acuerdo, un tercer lugar sigue siendo un puesto honorable, ¿no?

PD:La posición de Estados Unidos no es mejor que la de Japón o Alemania. Japón tiene una mayor proporción de empresas de categoría mundial que o bien no existían hace cuarenta años o eran entidades de tipo familiar: Sony, Honda, Yamaha, Kyocera, Matsushita, por ejemplo.

Alemania debe su resurgimiento desde las cenizas de la Segunda Guerra Mundial hasta su posición actual —como tercera economía mundial y número uno en las exportaciones de bienes manufacturados *per capita*— a una explosión del espíritu emprendedor que transformó a cientos de pequeños talleres, nuevos o desconocidos, en fabricantes de categoría mundial y líderes en su sector.

Un ejemplo es Bertelsmann, que ahora es una de las mayores compañías multimedia del mundo, con actividades en cuarenta países. En 1946, cuando Reinhard Mohn, el biznieto del fundador, volvió de un campo de concentración, Bertelsmann era tan sólo una editorial que publicaba folletos religiosos.

GG:Hace un momento ha dicho que pensar que Estados Unidos es un país emprendedor es un «espejismo» peligroso. ¿Por qué?

PD:Lo que me preocupa, más que el hecho de que la extendida creencia en nuestra superioridad emprendedora es simplemente falsa, es que nos está adormeciendo en una peligrosa autocomplacencia, no muy diferente de la que sufrimos respecto a la gestión a principios de la década de 1970. Entonces estábamos convencidos de que la gestión estadounidense reinaba suprema, justo en el momento en que los japoneses empezaban a apuntarse un tanto tras otro contra nosotros en la producción en serie y en el servicio al cliente.

Me temo que nuestra autocomplacencia respecto a nuestra capacidad para los negocios y la innovación acabe consiguiendo que nos superen por el flanco, no sólo los japoneses, sino también los coreanos.

GG:En su opinión, ¿por qué sucede esto?

PD:En este país seguimos creyendo, en gran medida, que la capacidad emprendedora es tener una gran idea y que la innovación es, principalmente, I+D; es decir, técnica. Por supuesto, *sabemos* que la primera es una disciplina, una disciplina bastante rigurosa, y que la segunda es un término económico, no técnico y que el espíritu emprendedor crea nuevas empresas. Eso no es nuevo. En realidad, es lo que hizo que Edison tuviera tanto éxito hace más de un siglo. Pero parece que las empresas estadounidenses, con pocas excepciones —Merck, Intel y Citibank son las que me vienen ahora a la memoria— siguen pensando que la innovación es un «ramalazo de genio», no una disciplina sistemática, organizada y rigurosa.

Los japoneses están organizando la innovación. Y también los coreanos. Han formado grupos pequeños con su gente más brillante para aplicar sistemáticamente la disciplina de la innovación a la identificación y desarrollo de nuevos negocios.

GG:¿Hay alguna clave exclusiva de esa disciplina?

PD:La innovación nos exige que identifiquemos de forma sistemática los cambios que ya se han producido en la economía —en demografía, valores, tecnología o ciencia— y que luego los veamos como oportunidades. También exige algo que es lo más difícil de hacer para las empresas ya existentes; abandonar el ayer, en lugar de defenderlo a ultranza.

Cuatro trampas para el nuevo empresario

GG:Tenemos muchas empresas nuevas que prometen mucho al empezar. Les va extremadamente bien durante el primero o los dos primeros años y luego, de repente, se ven metidas en muy graves aprietos. Si es que sobreviven, quedan estancadas para siempre. ¿Hay errores típicos que los nuevos empresarios cometen y que podrían evitar?

PD:En realidad hay cuatro aspectos —yo los llamo «trampas para el nuevo empresario»— con los que las empresas nuevas y en crecimiento siempre tropiezan. Los cuatro son previsibles y evitables.

El primero surge cuando el nuevo empresario tiene que enfrentarse al hecho de que el nuevo producto o servicio fracasa allí donde él o ella pensó que triunfaría, pero en cambio tiene éxito en un mercado totalmente diferente. Muchas empresas desaparecen porque el empresario fundador se empecina en que él o ella sabe más que el mercado.

GG:¿Así que, con frecuencia, el nuevo empresario está triunfando, pero no se da cuenta?

PD:No, es peor que eso. Rechaza el éxito. ¿Quiere ejemplos? Hay miles de ellos, pero uno de los mejores tiene más de cien años de antigüedad.

Un hombre llamado John Wesley Hyatt inventó el cojinete de rodillos. Decidió que era justo lo que se necesitaba para los ejes de los vagones de mercancías del ferrocarril. Los ferrocarriles solían rellenar las ruedas de los vagones con trozos de trapo empapados en aceite para contrarrestar la fricción. No obstante, los ferrocarriles no estaban preparados para un cambio tan radical; les gustaban sus trapos. Y el señor Hyatt se arruinó tratando de convencerlos de lo contrario.

Cuando Alfred Sloan, el hombre que después levantaría GM, se licenció en el MIT, siendo el primero de su clase, a mediados de la década de 1890, le pidió a su padre que comprara para él la pequeña empresa en bancarrota de Hyatt. A diferencia de éste, Sloan estaba dispuesto a ampliar su visión del producto. Resultó que el cojinete de rodillos era ideal para el automóvil, que justo entonces estaba saliendo al mercado. En dos años, Sloan tuvo un negocio floreciente; durante veinte años, Henry Ford fue su mayor cliente.

GG:Es una buena historia, pero ¿ese rechazo del éxito es realmente tan corriente?

PD:Yo diría que la mayoría de nuevas invenciones o productos no tienen éxito en el mercado para el que fueron pensados originalmente. Lo he visto una y otra vez. La novocaína fue inventada en 1905 por Alfred Einhorn, un químico alemán, para usarla en cirugía mayor, pero no resultaba adecuada. Los dentistas quisieron inmediatamente el producto, pero el inventor trató de impedirles que lo usaran para el «vulgar propósito» de empastar muelas. Hasta el final de sus días, Einhorn viajó por todo el mundo predicando los méritos de la novocaína para la anestesia general.

Más recientemente, he sabido de una compañía cuyo fundador creó un programa de *software* que, estaba convencido, era lo que cualquier hospital necesitaba para funcionar sin problemas. Bien, los hospitales le dijeron que no estaban organizados del modo que él daba por supuesto. No hizo ni una sola venta a un hospital. Sin embargo, por pura casualidad, una pequeña ciudad descubrió el programa y pensó que era justo lo que les convenía. Empezaron a llegar pedidos de ciudades de tamaño medio de todo el país. Y él se negó a cumplimentarlos.

GG:¿Por qué los nuevos empresarios rechazan un éxito inesperado?

PD:Porque no es lo que habían planeado y creen que son ellos quienes tienen el control. Y eso nos lleva a la trampa número dos. Esos empresarios piensan que el beneficio es lo que más importa en una nueva empresa, pero el beneficio es secundario. Lo que más importa es el *cash-flow*.

Los organismos en crecimiento necesitan alimento y un negocio que crece rápidamente devora efectivo. Hay que hacer constantes inversiones sólo para no perder el paso. Es algo totalmente previsible, así que dejarse atrapar por aprietos de tesorería no es lo más indicado. He salvado más empresas de las que puedo recordar simplemente diciéndole al fundador que me mostraba lo maravillosamente que iba todo, que *ahora* era el momento de asegurar la siguiente financiación. Si dispones de entre seis meses y un año para proveer a la siguiente financiación, puedes estar razonablemente seguro de que la conseguirás y en unas condiciones favorables.

GG:¿Por qué cree que a los nuevos empresarios les cuesta tanto captar el concepto de *cash-flow*?

PD:No son los únicos. Warren Buffet dijo en una ocasión que cuando quiere averiguar cómo le va a una empresa, no escucha a los analistas bursátiles, que le hablan de beneficios, un dato que es irrelevante. A quien escucha es a los analistas de créditos bancarios; ellos hablan del *cash-flow*. Aún no he visto que uno solo de los boletines internos de bolsa que recibo hable de liquidez y de la situación financiera de una empresa en crecimiento. Hablan de márgenes de beneficio y de rentabilidad.

GG:¿Por qué? ¿Es un producto de nuestras escuelas de negocios?

PD:No. Fundamentalmente, la gente de negocios es analfabeta financieramente hablando.

GG:Bueno, digamos que la empresa presta atención al *cash-flow*, supera el apuro de liquidez y crece rápidamente más allá de toda expectativa. ¿Cuál es la tercera trampa que acecha en el horizonte?

PD:Cuando la empresa crece, la persona que la fundó está increíblemente ocupada. Un crecimiento rápido somete a cualquier empresa a una tensión enorme. Las instalaciones de producción se quedan pequeñas. La capacidad de gestión se queda pequeña.

El nuevo empresario empieza a correr de un lado para otro como el empapelador manco del cuento. Ve las cifras de venta y ve las previsiones de beneficios. Ambas le hacen creer que dentro de un año podrá vender y conseguir diez millones de dólares. Y no ve que su capacidad de gestión se está quedando pequeña.

¿Sabe?, he trabajado con nuevos empresarios durante cincuenta años y puedo decir que hay una curva bastante normal; el 80% queda dentro de ella. Incluso si el negocio está creciendo a un ritmo normal, no triplicando su tamaño cada seis meses, sino creciendo bien y con un ritmo firme y sostenido, al final del cuarto año tendremos problemas de gestión.

GG:¿Es entonces cuando la capacidad de gestión se queda pequeña?

PD:Sí. Al principio, el fundador lo hace todo por sí mismo. Tiene ayudantes, pero no tiene colegas. Luego, de repente, todo va mal; la calidad cae en picado, los clientes no pagan, no se cumplen los plazos de entrega.

GG:Pero todas las empresas jóvenes cometen errores, muchos errores. ¿Cuál es el síntoma que un nuevo empresario no puede permitirse ignorar cuando es necesario que crezca más que su capacidad de dirección?

PD:Siempre, a todos los que vienen a verme les pregunto cómo reaccionan ante una oportunidad. «Suponga que un cliente le dice: "Si me hace diez mil unidades del producto X, el contrato es suyo". ¿Lo ve como una carga o como una oportunidad?»: Cuando dicen «Por supuesto, es una oportunidad, pero me preocupa, porque también es una carga extra», les digo, «Mire, amigo mío, su capacidad de dirección se le ha quedado pequeña».

Para evitar una crisis, hay que sentarse y crear un equipo de dirección. Para entonces quizá tenga ya a cuarenta personas trabajando para usted. Estúdielas para ver quiénes muestran aptitudes de dirección. Llame a esas cuatro o cinco personas (no es probable que sean más) y dígales: «Quiero que cada uno de ustedes se siente tranquilamente durante el fin de semana y piense en los que estamos aquí, incluyéndome a mí. No piensen en ustedes mismos. Piensen en los otros y en lo que cada uno hace bien». Y luego se reúnen todos, cogen una hoja de papel en blanco y anotan las principales actividades de la empresa. A eso, hoy lo llamamos «establecer las competencias clave».

Los empresarios jóvenes no tienen dinero para contratar un equipo de gestión. Pero aquí está Tom, y Tom es bueno en la atención al cliente, así que quizá también podría llevar el departamento de servicio al cliente. Dele trabajo extra durante unos meses o unos años o póngale un ayudante, pero Tom es ahora el encargado del servicio al cliente. Y aquí está Jane, de fabricación, que es mejor que nadie en el trato con la gente. Así que su responsable de fabricación se convierte también en su responsable de personal.

Y empiezan a reunirse una vez al mes, quizá los sábados y, al cabo de un año, tiene un equipo de gestión. Se necesita por lo menos un año, mejor dieciocho meses, para crear un equipo.

GG:¿Para que empiecen a trabajar realmente como un equipo?

PD:Sí, pero también para saber que aunque Joe es alguien con quien resulta difícil trabajar, es exactamente el responsable de finanzas que necesitamos. O para saber que Tom se está convirtiendo en un director de marketing y ventas de primera clase, pero es flojo como director del servicio al cliente. Puede que sea lo mejor que tiene, pero no es lo bastante bueno.

GG:Es una decisión difícil de tomar para un nuevo empresario, especialmente si Tom está ahí desde el principio.

PD:Sí, pero si empieza a formar su equipo con dieciocho meses de tiempo, Tom sabrá que es hora de que se haga a un lado. No es posible esperar hasta que todo se salga de madre al mismo tiempo.

GG:¿Y la cuarta trampa?

PD:La cuarta es la más difícil. Es cuando la empresa es un éxito y el empresario empieza a ponerse por delante de la empresa. Aquí tenemos a alguien que ha trabajado dieciocho horas al día durante catorce años y tiene un negocio de 60 millones de dólares y un equipo de dirección que funciona. Ahora se pregunta: «¿Qué quiero hacer? ¿Cuál es mi papel?» Son las preguntas equivocadas. Si empieza a hacérselas, acabará, invariablemente, matándose y matando la empresa.

GG:¿Qué debería preguntarse?

PD:Debería preguntarse: «¿Qué necesita la empresa en este estadio?» La siguiente pregunta es: «¿Tengo yo esas cualidades?»

Tiene que empezar con lo que la empresa necesita. Es ahí donde alguien de fuera puede resultar muy útil.

A lo largo de los años han acudido a mí quizás un centenar de personas que estaban en esa situación. Y cuando les pregunto por qué vienen a verme, la mayoría responde que su esposa dice que ya no están haciendo un buen trabajo, que se están destruyendo y están destruyendo a su familia y a la empresa. De vez en cuando, es una hija inteligente quien lo dice. Si es un hijo quien lo hace, el fundador lo aparta a un lado, porque piensa: «¿Querrá hacerse con el control y darme la patada?» Pero una esposa o una hija lista sí que pueden decirlo.

A veces, un accionista externo dice lo que piensa, o un contable o un abogado. Por lo general, alguien tiene que pinchar al empresario para conseguir que se enfrente a la dura realidad de que ya no está disfrutando. Él ya sabe que no se está concentrando en lo que debería.

GG:¿Cree que los nuevos empresarios son hoy más hábiles para evitar las trampas que ha descrito?

PD:No.

GG:¿No? ¿Con toda esa educación y todos esos masters en Administración de Empresas?

PD:No. La educación no nos da ni experiencia ni sensatez.

¿Las grandes empresas pueden fomentar el espíritu emprendedor?

GG:Allá por la década de 1980, se oía hablar mucho de «la iniciativa interna», pero todo parecía una moda muy pasajera. Ahora que todo ese bombo ha acabado, ¿pueden las grandes empresas fomentar, de verdad, el espíritu emprendedor?

PD:Por supuesto es posible. Bastantes lo hacen. Y muchas compañías de tamaño medio son incluso mejores. Pero es diferente de lo que muchos libros quieren decir cuando hablan de *espíritu emprendedor*. La mayoría de esos libros se inspiran en el último gran periodo de iniciativas empresariales de la historia occidental antes del nuestro; los sesenta años anteriores a la Primera Guerra Mundial. Nuestros principales organismos, de cualquier tipo y no sólo los organismos empresariales, se crearon y moldearon en ese periodo.

Todo empezó con la Gran Exposición de Londres, en 1851, que abrió las puertas a la Segunda Revolución Industrial. La década de 1850 vio cómo William Henry Perkin, en Inglaterra, inventaba el primer tinte de anilina y, con él, la moderna industria química.

Fue la década que presenció cómo Werner von Siemens, en Alemania, inventaba el primer motor eléctrico y, con él, la moderna industria eléctrica. Fue la década que vio triunfar la cosechadora de Cyrus McCormick y, con ella, la invención de la agricultura mecanizada. Fue la década que nos trajo el primer cable trasatlántico y el primer servicio regular de buques trasatlánticos de vapor. Fue la década en que Bessemer, en Inglaterra, inventó el proceso de fabricación del acero y los hermanos Pereire, en Francia, fundaron el Crédit Mobilier y, con él, las finanzas modernas.

Desde ese momento hasta 1914, tuvimos un invento importante cada catorce meses, más o menos, y de cada uno nació inmediatamente una nueva industria.

GG:¿En qué se diferenció ese periodo innovador del actual?

PD:Todas aquellas industrias nuevas se movían en el vacío. Cuando el ferrocarril se convirtió en una gran empresa, no había ninguna otra. Y no había competencia. El ferrocarril no desplazó a nadie, no desbancó a nadie. Pero ahora el mundo está lleno de organizaciones.

Y estamos en medio de un torbellino porque son tantas las organizaciones con raíces que se remontan a cien años atrás, o más, y que no van a sobrevivir.

GG:¿Qué significa eso para las iniciativas empresariales dentro de las grandes compañías?

PD:Las grandes organizaciones tienen que aprender a innovar o no sobrevivirán. Para algunas, eso significa volver a inventarse a sí mismas. Cada vez más, las grandes compañías están creciendo por medio de alianzas y empresas conjuntas. Sin embargo, muy pocos de los jefazos saben cómo gestionar una alianza. Están acostumbrados a dar órdenes, no a trabajar con un socio, y es algo totalmente diferente. En una alianza o una empresa conjunta, tienes que empezar preguntando: «¿Qué quieren nuestros socios? ¿Qué valores y metas compartimos?» No son preguntas fáciles para alguien que creció en GE o Citibank y está ahora en la cima o cerca de la cima de una enorme empresa de ámbito mundial.

Pero la innovación también significa modificar nuestros productos y servicios para mantenernos a la altura de los mercados, que están cambiando más rápido de lo que nadie haya visto nunca. Mire qué está sucediendo con los bancos. Hoy, en este país, sólo unos pocos grandes bancos consiguen beneficios haciendo lo que los bancos hacen tradicionalmente; préstamos comerciales o depósitos, por ejemplo. Los bancos están logrando beneficios con las tarjetas de crédito, las cuotas de los cajeros automáticos, el comercio de divisas y las ventas de fondos mutuos. Para permanecer en el negocio, la gran organización tiene que innovar.

GG:¿Pero pueden las grandes compañías fomentar las iniciativas empresariales?

PD:Tienen que hacerlo, para compensar las dificultades que suelen tener para aprender a trabajar en asociación o por medio de alianzas. ¿Qué hacen? Crean una unidad interna que actúa de forma totalmente diferente a la del resto de la empresa. Cuanto más éxito tiene esa unidad, más difícil resulta asegurarse de que la compañía no espera de ella lo mismo que del resto de la empresa.

Cuando tenemos un nuevo negocio, tanto si está dentro como fuera de la empresa, es como si tuviéramos un niño. Y no cargas a un niño de seis años con una mochila de veinte kilos cuando lo llevas de excursión.

GG:¿Qué ejemplos hay de compañías que hayan tenido éxito en las iniciativas empresariales internas?

PD:Hay compañías que son buenas mejorando lo que ya están haciendo; los japoneses lo llaman *kaizen*. Hay compañías que son buenas ampliando lo que están haciendo. Y finalmente, hay compañías que son buenas innovando. Todas las grandes compañías tienen que ser capaces de hacer las tres cosas —*mejorar, ampliar e innovar*— de forma simultánea. Todavía no sé de ninguna gran empresa que pueda hacerlo. Pero están aprendiendo.

El auge del espíritu emprendedor en lo social

GG:¿Podría resumir sus opiniones sobre el espíritu emprendedor en el terreno social?

PD:Primero, ese terreno es tan importante como el económico. Quizá más importante. En Estados Unidos, tenemos una economía muy sana, pero una sociedad muy enferma. Así que, tal vez, lo que más necesitamos es iniciativas sociales; en la atención sanitaria, la educación, el gobierno de las ciudades, etcétera. Por fortuna, hay suficientes éxitos por ahí como para saber que es posible hacerlo y, también, cómo hacerlo.

GG:¿Por ejemplo?

PD:Hay que empezar por cosas pequeñas; los grandes remedios curalotodo no funcionan nunca. Ese fue el problema del plan de reforma sanitaria del presidente Clinton. Ahora estamos experimentando en atención sanitaria en todas partes y va apareciendo lentamente el esbozo de un nuevo sistema sanitario a partir de cientos, literalmente cientos, de experimentos locales. Seguimos hablando de remedios curalotodo enormes, ambiciosos, para toda la nación, en el terreno de la educación; sin embargo, en muchos sitios, las escuelas *locales* —públicas, parroquiales y privadas— están consiguiendo éxitos basados en gente emprendedora *local*. Y sabemos que los ciudadanos estadounidenses —especialmente la familia joven, educada, donde el padre y la madre tienen un trabajo remunerado— está dispuesta a apoyar las iniciativas sociales, especialmente como voluntarios.

GG:Ha dicho que cada vez son más los empleos comunitarios que están en manos de las instituciones locales, tanto lucrativas como no lucrativas. ¿Por qué tantas pequeñas organizaciones no lucrativas pequeñas están, para usar su frase, «grotescamente mal gestionadas»?

PD:Porque creen erróneamente que las buenas intenciones mueven montañas. Los *bulldozers* mueven montañas. Pero hay excepciones.

Ayudé a poner en marcha una fundación para la gestión no lucrativa en 1990. Tenemos registrados más de mil casos de instituciones pequeñas, en su mayoría locales, que hacen una tarea que nadie más puede hacer. Este año le hemos dado el premio anual a la innovación a Rainforest Alliance, que ha encontrado el medio de salvar la selva tropical y al mismo tiempo aumentar tanto las cosechas como los ingresos de los cultivadores de plátanos, que eran los mayores enemigos de esa selva. Incluso los finalistas para el premio eran innovadores sociales.

Se trata de emprendedores sociales, no de iniciadores de negocios. Los primeros cambian la capacidad de actuación de la sociedad. Está claro que la necesidad está ahí o no habríamos fundado ochocientas mil instituciones no lucrativas en los treinta últimos años.

La *caridad* de ayer significaba extender un cheque. Hoy, cada vez más personas que disfrutan de un éxito razonable piensan que no es suficiente. Buscan una ocupación paralela, no una segunda ocupación. Son muy pocas las que cambian de trabajo.

GG:Ha dicho que cree que estamos a las puertas de un periodo de enormes innovaciones. También contamos con un número enorme de personas del sector privado que quieren involucrarse en las iniciativas sociales. ¿Sugiere usted que ahora vamos a presenciar más innovaciones sociales de las que hemos visto en mucho tiempo?

PD:No me cabe ni la más mínima duda.

GG:Pero en el mundo de la empresa son muchos los que recelan de las organizaciones no lucrativas porque las ven como no profesionales.

PD:Tienen y no tienen razón, al mismo tiempo. Tienen razón porque hay demasiadas organizaciones no lucrativas que están mal gestionadas o que no lo están en absoluto. Pero se equivocan porque las instituciones sin ánimo de lucro no son negocios y es necesario gobernarlas de una manera diferente.

GG:¿De qué manera?

PD:Necesitan más, no menos, dirección, precisamente porque sus resultados finales no son económicos. Tanto su misión como su «producto» tienen que estar claramente definidos y sometidos a una continua evaluación. Y la mayoría tienen que aprender cómo atraer y conservar a unos voluntarios cuya satisfacción se mide en responsabilidad y logros, no en salario.

GG:¿Qué hay de la innovación y el espíritu emprendedor en el gobierno?

PD:Ese es probablemente nuestro mayor reto. Mire, ninguno de los gobiernos de un solo país desarrollado importante trabaja ya de verdad. Estados Unidos, el Reino Unido, Alemania, Francia, Japón... ninguno tiene un gobierno que los ciudadanos respeten o en el que confíen.

En todos los países hay un clamor que pide liderazgo. Pero es el clamor equivocado. Cuando hay un mal funcionamiento en todo el espectro, el problema no es de personas, es de sistemas.

El gobierno moderno necesita innovarse. Lo que existe ahora tiene ya unos cuatrocientos años de antigüedad. La invención, en los últimos años del siglo XVI, de la nación-Estado y del gobierno moderno fue ciertamente una de las más exitosas nunca vistas. En doscientos años conquistó el globo.

Pero es hora de nuevas ideas. Lo mismo puede decirse de las teorías económicas que han dominado los últimos sesenta años, aproximadamente. El gobierno —no las empresas ni las organizaciones no lucrativas— va a ser el campo de trabajo más importante para el espíritu emprendedor y la innovación durante los próximos veinte años.

(1996)

8. No son empleados, son personas

Cada día laboral, la mayor empleadora no gubernamental del mundo, la compañía suiza Adecco, coloca a 700.000 de sus empleados como «eventuales» en empresas de todo el mundo. En Estados Unidos quizá lleguen a los 250.000. Adecco es el gigante del sector, pero sólo tiene una pequeña parte de un mercado totalmente dividido. Sólo en Estados Unidos hay unas siete mil empresas de trabajo temporal. En conjunto, colocan unos 2,5 millones de trabajadores cada día. Y en el mundo esa cifra es de, por lo menos, ocho millones, o acaso diez. Y un 70% de todos los «eventuales» trabajan a jornada completa.

Cuando el sector del trabajo temporal empezó, hace unos cincuenta años, proporcionaba oficinistas de bajo nivel para sustituir a tenedores de libros, recepcionistas, telefonistas o taquígrafos de plantilla cuando estaban enfermos o de vacaciones. Hoy se pueden tener sustitutos temporales para todos los trabajos; incluso hay directores generales eventuales. Una empresa de empleo temporal, por ejemplo, suministra directores de fabricación que se encargan de una nueva planta desde su nacimiento en el tablero de dibujo hasta que alcanza su plena producción. Otra, suministra profesionales sanitarios muy especializados, por ejemplo, anestesistas.

En un terreno diferente, aunque relacionado, el servicio para empresas que mostró un crecimiento más rápido en Estados Unidos durante la década de 1990 fue la organización de empleadores profesionales (PEO). Ahora existen, por lo menos, dieciocho de esas organizaciones con su propia asociación profesional (The National Organization of Professional Employer Organizations) y su propia publicación mensual (*The PeoEmp Journal*). Estas firmas se ocupan de la gestión de los empleados de sus clientes y también de las relaciones laborales de sus clientes. Prácticamente desconocidas hace diez años, para el año 2000 se habían convertido en «co-empleadoras» de entre 2,5 y 3 millones de empleados estadounidenses, tanto de fábrica como de oficina.

Las PEO, igual que las agencias de empleo temporal, han ampliado enormemente su alcance en los últimos años. Las primeras PEO, a finales de la década de 1980, ofrecían llevar la teneduría de libros de sus clientes, especialmente las nóminas. Ahora se encargan de cualquier tarea en la gestión del empleo y de las relaciones laborales: historial y conformidad legal, contratación, formación, colocación, promoción, despido y despidos temporales, planes de jubilación y pago de pensiones. Al principio, se limitaban a cuidar de las relaciones laborales de pequeñas firmas. Pero Exult (con sede en Irvine, California) —probablemente la más conocida de todas— estaba pensada, desde sus inicios en 1997, para ser la co-empleadora de las compañías de la lista Fortune 500. Entre sus clientes se cuentan BP Amoco —en todo el mundo— Unisys y Tenneco Automotive. Ya ha salido a bolsa y se cotiza en el NASDAQ. En un trimestre —el segundo trimestre de 2001— sus ingresos pasaron de 43,5 millones de dólares a 64,3 millones. Otra PEO, creada originalmente para llevar las nóminas de pequeñas empresas con menos de veinte empleados, está a punto de hacerse cargo de la gestión de los 120.000 empleados de uno de los estados de mayor tamaño. Y algunas otras firmas están entrando en el mismo terreno; por ejemplo, Accenture (la antigua Andersen Consulting).

Pero ¿quién es entonces el «jefe» de estos empleados contratados fuera de la empresa? Si la PEO se encarga de contratar, despedir, colocar y decidir, ¿cómo puede funcionar un ejecutivo? Le hice esta pregunta a un alto cargo de BP Amoco, cuyo personal, incluyendo científicos de alto nivel, está ahora en manos de Exult. Su respuesta fue: «Exult sabe que tiene que satisfacernos, a mí y a mis colegas, si quiere conservar el contrato. Pero es Exult quien toma las decisiones de despedir o trasladar a alguien. No obstante, sólo lo hace porque yo se lo he sugerido o después de consultarme. Pero también sé que Exult tiene *tres* obligaciones —conmigo, con la compañía y con el empleado— y si no satisface al empleado, él o ella se marchará. Y por ello, en uno o dos casos, he cedido cuando Exult defendía que trasladar a un empleado que a mí me hubiera gustado conservar era en interés de ese empleado y, probablemente, a la larga, también en el de la empresa».

Tanto el sector del trabajo temporal como las PEO están creciendo muy rápidamente. Adecco crece un 15% al año. El sector de las PEO crece incluso más rápidamente, un 30% al año; en otras palabras, aumenta el doble cada dos años y medio. Para el año 2005, se espera que «coemplee» a diez millones de trabajadores estadounidenses.

Está claro que algo pasa en las relaciones y en la gestión laborales que no encaja en lo que se sigue escribiendo en los libros de gestión y lo que seguimos enseñando en las escuelas de negocios. Y, ciertamente, tampoco encaja en la manera en que fueron diseñados y se espera que funcionen los departamentos de relaciones humanas de la mayoría de organizaciones, sean empresas, organismos gubernamentales u organizaciones no lucrativas.

Ahogados en papeleo

La razón que suele ofrecerse para explicar la popularidad de las empresas de empleo temporal es que proporcionan flexibilidad a los empleadores. Pero son demasiados los empleados eventuales que trabajan para la misma firma durante largos periodos de tiempo —a veces años y años— para que ésa sea la explicación completa. Y, sin duda, la flexibilidad no explica la aparición de las PEO. Una explicación más plausible es que ambos tipos de organización convierten legalmente en «no empleados» a personas que trabajan para una empresa. La fuerza impulsora que hay detrás tanto del constante crecimiento de las empresas de empleo temporal como de la aparición de las PEO es la creciente carga de normas y reglamentaciones que sufren los empleadores.

Sólo el coste de esas normas y reglamentaciones amenaza con estrangular a las pequeñas empresas. Según el organismo gubernamental *Small Business Administration* (Administración de Pequeñas Empresas), el coste anual de las reglamentaciones del gobierno, del papeleo exigido por éste y del cumplimiento de las obligaciones fiscales para las empresas con menos de quinientos empleados era de 5.000 dólares por empleado en 1995 (el último año para el que se dispone de cifras), un 25% de sobrecarga que se suma al coste de los salarios, la atención sanitaria, los seguros y las pensiones que, en 1995, estaban en torno a los 22.500 dólares por empleado en una empresa pequeña media. Desde entonces, se estima que el coste del papeleo relacionado con los empleados ha subido en más de un 10%.

Muchos de estos costes pueden evitarse por completo utilizando trabajadores eventuales en lugar de empleados fijos. Por esa razón, son tantas las compañías que recurren a las agencias de trabajo temporal; aun cuando el coste por hora de un empleado eventual suele ser bastante mayor que el coste de salario y subsidios de un empleado fijo. Otro medio para reducir los costes burocráticos es externalizar las relaciones laborales; en otras palabras, dejar que un especialista se encargue del papeleo. Agregando un número suficiente de pequeñas empresas para gestionar, por lo menos, quinientos empleados como si fueran una única fuerza laboral —que es, claro, lo que hace una PEO— se reduce ese coste en dos quintas partes, según cifras de la *Small Business Administration.*

No son sólo las pequeñas empresas las que pueden recortar sus costes laborales de forma importante contratando fuera todo lo relativo a las relaciones laborales. Un estudio realizado en 1997 por McKinsey & Co. llegaba a la conclusión de que una firma global de la lista Fortune 500 —es decir, una compañía grande de verdad— podía reducir sus costes laborales entre un 25 y un 33% externalizando la gestión de sus relaciones laborales. Parece ser que fue este estudio lo que llevó a la fundación de Exult un año más tarde.

La contratación y gestión externa de los empleados y las relaciones laborales es una tendencia internacional. Aunque en el mundo desarrollado las leyes y reglamentaciones del empleo varían mucho de un país a otro, los costes que imponen a las empresas son altos en todas partes. El mayor mercado de Adecco, por ejemplo, está en Francia (Estados Unidos ocupa el segundo lugar); y la empresa está creciendo un 40% anual en Japón. Exult abrió un gran centro de gestión laboral en Escocia en el 2000 y tiene oficinas en Londres y Ginebra.

Incluso más onerosos que los costes son las enormes exigencias que las reglamentaciones imponen en el tiempo y la atención de la dirección. En los veinte años entre 1980 y 2000, el número de leyes y disposiciones relativas a la política y la práctica laborales creció en un 60%, pasando de treinta y ocho a sesenta. Todas ellas requieren informes y todas amenazan con multas y penalizaciones en caso de incumplimiento, aunque sea no intencionado. Según la Administración de Pequeñas Empresas, el propietario de una empresa de tamaño pequeño o incluso mediano dedica una cuarta parte de su tiempo al papeleo relacionado con sus empleados. Y luego está la continua amenaza —que aumenta constantemente— de los pleitos relacionados con cuestiones laborales. Entre 1991 y 2000, el número de denuncias por acoso sexual presentadas ante la Comisión para la Igualdad de Oportunidades de Empleo aumentó a más del doble, pasando de 6.883 a 15.889. Por cada caso que llega a juicio, hasta diez o más se resuelven por acuerdo dentro de la empresa y cada uno de ellos exige muchas horas de investigación y entrevistas, además de importantes honorarios legales.

No es de extrañar que los empleadores (especialmente los de menor tamaño, que constituyen la abrumadora mayoría) se quejen amargamente de que no tienen tiempo para trabajar en sus productos y servicios, en sus clientes y mercados, en la calidad y la distribución; es decir, no tienen tiempo para trabajar en los *resultados.* En cambio, trabajan en los problemas; es decir, en las reglamentaciones laborales. Ya no entonan el viejo *mantra,* «La gente es nuestro mayor activo». Ahora dicen, «La gente es nuestro mayor pasivo». Lo que sustenta tanto el éxito de las empresas de trabajo temporal como la aparición de las PEO es que *ambas permiten que los directivos se concentren en el negocio.*

Por cierto, este argumento también puede explicar el éxito de las *maquiladoras,* las fábricas situadas en el lado mexicano de la frontera con Estados Unidos (y cada vez más, también en el interior de México) que ensamblan piezas hechas en Estados Unidos, Extremo Oriente o en el propio México para convertirlas en productos acabados para el mercado estadounidense. De hecho, diría que evitar el laborioso papeleo es un incentivo mayor para las compañías industriales que los, con frecuencia, dudosos ahorros en mano de obra. La firma mexicana arrendadora de la *maquiladora actúa como «coempleadora»*, encargándose de todas las reglamentaciones y actividades laborales (que son tan complicadas en México como en Estados Unidos) y liberando así al propietario estadounidense o japonés de la fábrica para que pueda concentrarse en el negocio.

No hay la más mínima razón para creer que los costes o las exigencias impuestas por normas y reglamentaciones laborales se reduzcan en ninguno de los países desarrollados. Todo lo contrario. Por muy necesaria que sea una ley de derechos del paciente en Estados Unidos, no cabe duda que creará otro nivel de organismos con los que el empleador tendrá que tratar; otro conjunto de informes y trámites; otra avalancha de quejas, conflictos y pleitos.

La organización hecha astillas

Más allá del deseo de evitar el coste y el tiempo que exigen las reglamentaciones, hay otra causa mayor tanto para el auge del empleo temporal como para la aparición de las PEO; se trata de la naturaleza del trabajo del saber y, muy especialmente, de la extraordinaria especialización de los trabajadores de ese campo. La mayoría de organizaciones grandes, basadas en el saber, tienen muchas clases diferentes de trabajadores especializados; dirigirlos a todos de forma eficaz es un gran reto para la organización. Las agencias de trabajo temporal y las PEO pueden ayudar a resolver el problema.

No hace tanto tiempo, incluso en la década de 1950, hasta un 90% de la fuerza laboral eran empleados «no exentos»; es decir, subordinados que hacían lo que les decían. Los «exentos» eran los supervisores que daban las órdenes. La mayoría de empleados «no exentos» eran obreros que tenían pocos conocimientos y un nivel de educación no muy alto. Realizaban tareas repetitivas en la fábrica o en las oficinas. Hoy menos de una quinta parte de la fuerza laboral pertenece a esa categoría. Puede que los trabajadores del saber (dos quintas partes de la fuerza laboral) tengan un supervisor, pero no son «subordinados». Son «asociados». Se supone que dentro de su ámbito de conocimientos serán ellos quienes den las órdenes. Pero, por encima de todo, los trabajadores del saber no son homogéneos. El saber sólo es eficaz si es especializado. Esto es especialmente cierto del grupo de más rápido crecimiento entre estos trabajadores —el grupo de más rápido crecimiento de toda la fuerza laboral—: los técnicos. Por ejemplo, los informáticos que reparan los ordenadores, los asistentes de abogados, los programadores y muchos otros. Y como el trabajo del saber es especializado, está profundamente dividido, incluso en las grandes organizaciones.

El mejor ejemplo es el hospital, en su conjunto la organización humana más compleja nunca ideada, pero también, en los últimos treinta o cuarenta años, la de más rápido crecimiento en todos los países desarrollados. En un hospital de tamaño medio con 275 ó 300 camas habrá alrededor de tres mil personas trabajando. Cerca de la mitad serán trabajadores del saber de una u otra clase. Dos de estos grupos —los enfermeros y los especialistas de los departamentos de administración— son bastante numerosos, con varios cientos de personas cada uno. Pero hay alrededor de treinta «especialidades paramédicas»: los terapeutas físicos y el personal del laboratorio clínico, los asistentes sociales de psicología, los técnicos de oncología, las dos docenas de personas que preparan a los pacientes para las operaciones quirúrgicas, el personal de planta; los técnicos de ultrasonido y muchos, muchos más.

Cada una de esas especialidades tiene sus propias normas y reglamentaciones, su propia educación, sus propias exigencias, su propia acreditación. Sin embargo, cada una, en un hospital dado, está formada sólo por un puñado de personas. Puede que no haya más de siete u ocho especialistas en dietética, por ejemplo, en un hospital de 275 camas. No obstante, cada grupo espera y exige un trato especial. Cada uno espera —y necesita— que haya alguien más arriba que comprenda lo que ese grupo hace, qué equipamiento necesita, qué relación debe tener con los médicos, las enfermeras y la administración. Además, dentro de cada hospital no hay oportunidades de ascenso para ninguno de ellos, ninguno quiere ser el administrador del hospital ni tiene posibilidad alguna de conseguir el puesto.

Pocas empresas tienen actualmente tantos especialistas como el hospital. Pero algunas se están acercando. Una cadena de grandes almacenes que conozco tiene quince o dieciséis especialidades del saber diferentes, la mayoría con sólo un puñado de empleados en cada uno de los establecimientos. Parece que también en los servicios financieros hay una especialización y una necesidad crecientes de concentrarse en una única especialidad. La persona que selecciona los fondos mutuos que la firma debería ofrecer a sus clientes no los vende ni se encarga de ellos. Y cada vez hay menos oportunidades profesionales para un especialista del saber dentro de la organización. Los expertos que seleccionan los fondos mutuos que se ofrecerán a los clientes minoristas no van a convertirse en vendedores de fondos mutuos. Pero tampoco están especialmente interesados en llegar a ser directivos, más allá de llevar un grupo pequeño, formado por un puñado de especialistas como ellos.

En Estados Unidos, el hospital ha resuelto mayormente este problema de la especialización externalizando sus tareas poco a poco. En muchos hospitales (quizá ya en la mayoría) cada una de las especialidades del saber está gestionada por una empresa externa diferente. Por ejemplo, de las transfusiones de sangre se encarga una firma que se especializa en transfusiones de sangre y gestiona los departamentos de transfusión de un número bastante grande de hospitales independientes. Igual que una PEO, actúa como co-empleadora del personal de transfusiones. Dentro de la cadena, los especialistas en transfusiones tienen también oportunidades profesionales. Si lo hacen bien, pueden llegar a ser directores del departamento de transfusiones de un hospital mayor, con un salario mejor, o supervisores de varias unidades de transfusión de la propia cadena.

Tanto la compañía de trabajo temporal grande como la PEO hacen de forma amplia lo que en el hospital se hace de forma limitada. Cada uno de sus clientes, incluso los de mayor tamaño, carece de la masa crítica para gestionar, colocar y satisfacer a un trabajador del saber muy especializado. Y eso es lo que la PEO y la agencia de trabajo temporal pueden proporcionar.

Así pues, tanto la una como la otra desempeñan una función vital para el empleado al igual que para el empleador. Esto explica por qué las PEO pueden afirmar, y al parecer probar, que las personas para quienes actúan como co-empleadores muestran una mayor satisfacción, en contradicción con todo lo que habría pronosticado la teoría de las relaciones humanas. El metalúrgico de una empresa química de tamaño medio puede estar bien pagado y tener un puesto interesante, pero la empresa necesita y emplea sólo a un puñado de metalúrgicos. Nadie en los niveles altos de la dirección sabe qué hace el metalúrgico ni qué debería o podría estar haciendo. No tiene ninguna oportunidad, salvo una muy remota, de llegar a ser ejecutivo y, en cualquier caso, eso significaría abandonar algo que ha pasado años aprendiendo y que le gusta. La empresa de trabajo temporal bien llevada puede colocar y coloca a ese metalúrgico allí donde más pueda aportar. Y puede colocar y coloca al que trabaja bien en puestos cada vez mejores y mejor pagados. En un contrato de pleno servicio con una PEO (y muchas no aceptarán ningún otro tipo de contrato), hay expresa constancia de que la PEO tiene el deber y el derecho de colocar a las personas para quienes actúa como co-empleador en el puesto y en la compañía donde mejor encajen y deban estar. Probablemente, la tarea más importante de las PEO es equilibrar las responsabilidades que tienen hacia sus clientes y las que tienen hacia sus empleados.

Las compañías no se enteran

Los programas de Recursos Humanos siguen dando por sentado que la mayoría, si no la totalidad, de quienes trabajan para una compañía son empleados de esa compañía. Pero, como hemos visto, eso no es cierto. Algunos son eventuales y otros son empleados de una empresa externa que se encarga de, digamos, los sistemas informáticos o los centros de llamadas de la compañía. Y todavía hay otros que son trabajadores mayores que se jubilaron anticipadamente y trabajan a jornada parcial, encargándose de tareas específicas. Con todas estas divisiones, no queda nadie que entienda la organización en su conjunto. Las organizaciones de Recursos Humanos y las PEO se ocupan sólo de los empleados legales. Las agencias de trabajo temporal afirman que venden productividad; en otras palabras, que hacen el trabajo de supervisión de la organización en lugar de ésta, pero es difícil ver cómo pueden cumplir esa tarea. La productividad de las personas que le proporcionan a un cliente depende de colocarlas, dirigirlas y motivarlas. La agencia no tiene ningún control sobre ninguno de estos ámbitos. Y tampoco lo tiene la PEO.

Esta carencia de supervisión es un auténtico problema. Todas las organizaciones que existen necesitan una dirección de personal que considere que todos aquellos de cuya productividad y actuación depende la organización son responsabilidad suya, tanto si son trabajadores eventuales como a jornada parcial, tanto si son empleados de la propia organización como si lo son de una empresa externa, un proveedor o un distribuidor.

Hay indicios de que nos encaminamos en esa dirección. Un fabricante europeo de productos de consumo está a punto de desgajar su departamento de administración de personal, grande y muy bien considerado, convirtiéndolo en una compañía independiente que actuará como una PEO para la empresa matriz en todo el mundo. Pero, además, se encargará de las relaciones con quienes trabajan para la multinacional pero no son legalmente sus empleados y de su utilización. A la larga, esa PEO interna se ofrecerá como co-empleadora para los empleados de los proveedores y los distribuidores de la multinacional y para sus más de doscientas empresas conjuntas y asociadas. Y Sony, el gigante japonés de la electrónica de consumo, está experimentando con un plan según el cual quien solicite un puesto permanente en una de sus principales fábricas debe trabajar primero durante diez meses como eventual en Adecco. Sin embargo, durante ese tiempo, el director de personal del empleado a prueba sería Sony, aunque Adecco sería el empleador legal.

La llave de la ventaja competitiva

En realidad, hoy es más importante que las organizaciones presten atención a la salud y el bienestar de sus empleados que hace cincuenta años. Una fuerza laboral basada en el saber es cualitativamente diferente de otra menos especializada. Ciertamente, los trabajadores del saber son una minoría dentro del número total de trabajadores y es poco probable que sean nunca más que eso. Pero se están convirtiendo en el grupo individual más numeroso. Y ya son los principales creadores de riqueza. Cada vez más, el éxito, es más la supervivencia, de cualquier empresa dependerá del rendimiento de sus trabajadores del saber. Y dado que es imposible, según las leyes de la estadística, que ninguna organización, salvo las más pequeñas, tenga «personas mejores», la única manera de que una organización dentro de una economía basada en el saber se destaque es sacando más de la misma clase de personas; es decir, dirigiendo a sus trabajadores del saber para conseguir una mayor productividad. Para decirlo con un viejo dicho, se trata de «conseguir que la gente ordinaria haga cosas extraordinarias».

Lo que hizo que la fuerza laboral tradicional fuera productiva fue el sistema, tanto si se trataba de la «única manera óptima» de Frederick Winslow Taylor, de la cadena de montaje de Henry Ford o de la Gestión para la Calidad Total de Ed Deming. El sistema encarna el saber. Es productivo porque permite que cada trabajador rinda sin contar con un gran saber o habilidad. De hecho, en la cadena de montaje (pero también en la Gestión para la Calidad Total de Deming) una mayor habilidad de un trabajador es una amenaza para sus compañeros y para todo el sistema. No obstante, en una organización basada en el saber, es la productividad de cada trabajador lo que hace que el sistema sea productivo. En una fuerza laboral tradicional, el trabajador está al servicio del sistema; en una fuerza laboral del campo del saber, el sistema debe estar al servicio del trabajador.

Hay ya en marcha un número suficiente de organizaciones basadas en el saber como para enseñarnos qué significa esto. Lo que hace que una universidad sea una gran universidad es que atrae y, sobre todo, cultiva a unos profesores y alumnos sobresalientes y les ofrece la posibilidad de enseñar e investigar de forma sobresaliente. Lo mismo es cierto de un teatro de ópera. La institución que más se parece a una empresa basada en el saber es la orquesta sinfónica, en la cual unos treinta instrumentistas diferentes tocan la misma partitura al unísono, como un equipo. Una gran orquesta no está compuesta por grandes instrumentistas sino por músicos competentes que tocan a su más alto nivel. Cuando se contrata un nuevo director para que dé la vuelta a una orquesta que ha padecido años de deriva y dejadez, no puede, por norma, despedir a ningún músico salvo a los más descuidados y caducos.

Tampoco puede, por norma, contratar a un gran número de nuevos miembros para la orquesta. Tiene que convertir lo que heredó en productivo. Los directores que alcanzan el éxito son los que trabajan en estrecha unión con cada músico y cada sección de la orquesta. Sus «relaciones laborales» son un factor dado y son prácticamente inamovibles. Son sus «relaciones personales» las que marcan la diferencia.

Sería difícil exagerar la importancia de concentrarse en la productividad de los trabajadores del saber. Porque la característica fundamental de una fuerza laboral del saber es que sus miembros no son «labor», sino capital. Y lo decisivo en el rendimiento del capital no es lo que éste cuesta ni tampoco cuánto se invierte —si así fuera, la Unión Soviética hubiera sido, fácilmente, la primera economía del mundo—; lo decisivo es la *productividad del capital.* Lo que hizo que la economía de la Unión Soviética se desplomara fue que la productividad del capital de sus inversiones fuera tan increíblemente baja; en muchos casos, de menos de un tercio de la inversión en una economía de mercado y, a veces, negativa (como en el caso de las enormes inversiones en la agricultura hechas durante la época de Bréznev). La razón era sencilla; nadie prestaba atención a la productividad del capital, nadie tenía asignada esa tarea, nadie recibía ninguna recompensa por hacerlo.

La industria privada de las economías de mercado nos enseña la misma lección. En las nuevas industrias, el liderazgo se puede obtener, y mantener, por medio de la innovación. No obstante, en una industria establecida, lo que diferencia a la empresa líder de las demás es casi siempre una productividad del capital sobresaliente. En los inicios del siglo XX, General Electric, por ejemplo, competía por medio de innovaciones y tecnología con su vieja rival Westinghouse o con empresas europeas como Siemens. Pero, a principios de la década de 1920, después de que la era de rápida innovación tecnológica de la electromecánica tocara a su fin, GE se concentró en la productividad del capital para que le proporcionara el liderazgo decisivo, un liderazgo que ha mantenido hasta hoy. De forma similar, los días de gloria de Sears Roebuck —desde finales de la década de 1920 hasta finales de la década de 1960— no se basaron ni en las mercancías ni en los precios. Sus rivales, como Montgomery Ward, se desempeñaban igual de bien en esos ámbitos. El liderazgo de Sears descansaba en el hecho de que obtenía el doble de ganancia a un dólar que los otros detallistas estadounidenses. De forma similar, las empresas basadas en el saber tienen que centrarse en la productividad de su capital; es decir, de sus trabajadores del saber.

Directores libres, para dirigir a las personas

Las empresas de empleo temporal y, especialmente, las PEO liberan a los directivos para que puedan concentrarse en el negocio en lugar de en las normas, reglamentaciones y papeleo relativos al empleo. Dedicar hasta una cuarta parte del tiempo al papeleo laboral es realmente desperdiciar unos recursos preciosos, caros y escasos. Es aburrido. Degrada y corrompe, y lo único que puede enseñarnos es una mayor destreza para hacer trampas.

Las compañías tienen, pues, razones de peso para tratar de eliminar las tareas rutinarias de las relaciones laborales, sea sistematizando la administración del personal dentro de la empresa o contratándola a firmas externas o a una PEO. Pero es necesario que tengan cuidado de no dañar ni destruir las relaciones personales al hacerlo. En realidad, el principal beneficio de disminuir el papeleo puede ser ganar un poco más de tiempo para las relaciones personales. Los ejecutivos tendrán que aprender algo que el director eficaz de un departamento universitario o el director de éxito de una orquesta sinfónica sabe desde hace tiempo; la clave de la grandeza es buscar el potencial de cada persona y dedicar tiempo a desarrollarlo. Construir un departamento universitario sobresaliente exige pasar tiempo con los jóvenes posdoctorados y con los profesores adjuntos, hasta que sobresalgan en su trabajo. Construir una orquesta de primera clase exige ensayar el mismo pasaje de una sinfonía una y otra vez, hasta que el primer clarinete lo toque como el director lo oye. Y eso es también lo que hace que un director de investigación tenga éxito en un laboratorio industrial. El único camino para alcanzar el liderazgo en una empresa basada en el saber es igualmente pasar tiempo con los profesionales del saber prometedores; llegar a conocerlos y que ellos nos conozcan; servirles de mentor y escucharlos; plantearles desafíos y animarlos. Esas personas quizá ya no sean legalmente empleados de la organización, pero seguirán siendo su principal recurso y su capital y la llave de su rendimiento. Las relaciones laborales pueden, es más, deben sistematizarse y eso significa que pueden, quizá deben, volverse impersonales. Pero eso debería hacer que las relaciones personales fueran todavía más importantes. Si las relaciones laborales se externalizan, los ejecutivos tienen que trabajar en estrecha unión con sus homólogos de la empresa externa sobre el desarrollo profesional, la motivación, la satisfacción y la productividad de los trabajadores del saber de cuyo rendimiento depende su propio rendimiento y resultados. Quizá sea ésta la principal (aunque no expresada) lección de la historia de BP Amoco recogida antes.

Hace doscientos cincuenta años, durante lo que ahora llamamos la Revolución Industrial, surgieron las grandes organizaciones permanentes. La fábrica de tejidos y el ferrocarril fueron las primeras. Pero aunque eran algo sin precedentes, seguían basándose en el trabajo manual, igual que todo el trabajo anterior. El trabajo manual —sea en la agricultura, la industria, en el pago manual de cheques o en la anotación de las reclamaciones de los seguros de vida en un libro de contabilidad —seguía siendo el trabajo de la enorme mayoría hasta hace sólo cincuenta o sesenta años, incluso en los países con una economía más desarrollada. La aparición del trabajo del saber y del trabajador del saber —por no hablar de su evolución como «capital» de una sociedad y una economía que se basan en ese saber— es, pues, un cambio tan profundo como lo fue la Revolución Industrial de hace 250 años, quizás aún mayor. Es un cambio que exigirá algo más que unos cuantos programas nuevos y unas cuantas prácticas nuevas, por útiles que sean. Exigirá nuevas mediciones, nuevos valores, nuevas metas y nuevas políticas. Es previsible que sean necesarios muchos años antes de que hayamos averiguado cuáles son. No obstante, son ya muy numerosas las organizaciones basadas en el saber que han conseguido el éxito y que pueden decirnos cuál debe ser el punto de partida básico para dirigir a los empleados en una organización basada en el saber. Tiene que ser que, aunque los empleados quizá sean nuestro mayor pasivo, las personas son nuestra mayor oportunidad.

(2002)

9. Servicios financieros. Innovar o morir

El renacimiento, en los últimos cuarenta años, de la City de Londres como centro financiero mundial es un éxito tan impresionante como el de Silicon Valley. La City hoy no es tan poderosa o importante como lo fue en los cien años que van de Waterloo a la Primera Guerra Mundial. Sin embargo, a través de su mercado interbancario, es el «banco central» del sistema bancario en todo el mundo. Es el mayor mercado de divisas del mundo. El dinero para la financiación a medio plazo (por ejemplo, los «préstamos puente» o la financiación de fusiones y adquisiciones) puede conseguirse en Estados Unidos, pero la mayoría de veces, la estructura de esos complicados tratos se decide en Londres. Incluso en la financiación a largo plazo, como los seguros, sólo Nueva York supera a la City.

No obstante, en 1960, nadie habría esperado ese resurgimiento de la City. Después de cincuenta años de continuado declive, en aquel momento, era considerada casi irrelevante, incluso por mucha gente de la propia City.

Hasta cierto punto, su cambio de rumbo fue posible por dos cosas que sucedieron en Estados Unidos, ambas durante la administración Kennedy. En el momento de la crisis de los misiles en Cuba, el Banco Estatal Ruso, temeroso de que congelaran sus cuentas en Estados Unidos, transfirió sus reservas en el extranjero a Londres. Pero los rusos querían conservar su dinero en dólares y así nació el eurodólar, una moneda transnacional, con denominación en dólares, pero domiciliada en Londres. Poco después, el gobierno estadounidense, de forma insensata, fijó un gravamen punitivo sobre el pago de intereses a extranjeros, destruyendo así de un plumazo el floreciente mercado de los bonos extranjeros de Nueva York. El dinero voló y engendró el Eurobono, también denominado principalmente en dólares, pero domiciliado y controlado en Londres.

Esos sucesos crearon sólo la oportunidad; los banqueros londinenses, en particular S.G.Warburg, la cogieron al vuelo. En realidad, en fechas incluso más tempranas, en 1959, S.G.Warburg, una firma fundada en la década de 1930 por dos refugiados alemanes, había instaurado en Londres una forma de banco empresarial al empezar a financiar adquisiciones. Hasta entonces, durante setenta y cinco años, este tipo de finanzas empresariales había sido una especialidad estadounidense (es decir, desde que la inició J.P.Morgan, hacia 1880).

Pero el factor clave del renacimiento de la City como centro financiero fue que recuperó la posición que tenía en el siglo XIX como sede de las instituciones financieras de todo el mundo. La City del siglo XIX fue la creación de un emigrante alemán, Nathan Rothschild. Después de las guerras napoleónicas inventó el mercado de capital financiando a los gobiernos de Europa y de América Latina, que acababa de alcanzar la independencia, por medio de bonos garantizados en Londres, colocados en Londres y negociados en la Bolsa de Londres. Pronto lo siguieron muchos otros emigrantes; Schroder (alemán), Hambros (noruego), Lazard (francés), Morgan (norteamericano), por nombrar sólo unos pocos.

Estos recién llegados fundaron firmas inglesas y adquirieron la nacionalidad británica. Pero unidos a algunos de los viejos «banqueros mercantiles» nacidos en Inglaterra (como el Baring Brothers, un banco fundado por los hijos de un inmigrante alemán en 1770), crearon un centro financiero auténticamente global.

Lo que atrajo a esos emigrantes no fue sólo que Inglaterra, en el siglo XIX, era el principal país industrial. Fue que Londres no tardó en convertirse en el centro de conocimientos financieros más importante del mundo (como Walter Bagehot sería el primero en señalar en su libro de 1873, *Lombard Street*). También esto era, en gran parte, la invención y el legado de Nathan Rothschild. Los cinco hermanos

Rothschild —cada uno situado en una capital financiera europea diferente, pero los cinco actuando como una única firma con Nathan como director general— eran una temprana «intranet» y sus famosas palomas mensajeras, un «e-mail» preelectrónico. Hasta hoy, la City, pese a todas las vicisitudes de este siglo, ha seguido siendo el exclusivo centro del saber mundial para los negocios, las finanzas y los asuntos económicos. Y es la City, en tanto que centro transnacional del saber, la que, en las décadas de 1960 y 1970, atrajo una vez más a Londres a los «emigrantes financieros» de todo el mundo. Legalmente, esos establecimientos londinenses son, en su totalidad, filiales o sucursales propiedad de una casa matriz estadounidense, suiza, holandesa o alemana. Pero en la realidad económica, suelen estar separados y ser, en gran medida, autónomos; es decir, son «sedes centrales». En Wall Street es corriente decir que la oficina de Nueva York, sea de Goldman Sachs o de Citibank, se ocupa principalmente de los negocios nacionales de la firma. Los negocios internacionales son dirigidos desde Londres.

Una transformación más amplia

El renacimiento de la City fue, sin embargo, sólo el primer capítulo de la historia triunfal de los servicios financieros en los últimos cuarenta años. El hecho de que muchos de los grandes actores lleven nombres antiguos, que con frecuencia se remontan al siglo XIX, oculta, en buena parte, que se trata de un nuevo sector. Pero la Goldman Sachs de 1999 es una empresa muy diferente de la Goldman Sachs de 1899, de 1929 o, incluso, de 1959. También lo son J.P.Morgan, Merrill Lynch, First Boston, Citibank, GE Capital o cualquiera de las otras grandes firmas, tanto si son estadounidenses como europeas. Todavía en 1950, todas ellas eran instituciones nacionales.

Puede ser revelador que, cuando yo llegué a Estados Unidos desde Inglaterra, a mediados de la década de 1930, sólo dos de los principales bancos de Nueva York —Manufacturers y Guaranty Trust, ambos desaparecidos hace tiempo a través de fusiones— tenían un ejecutivo a cargo de los negocios extranjeros y ninguno de los dos llegó a ser nunca vicepresidente. Lo único que esos dos «vicepresidentes internacionales adjuntos» hacían era emitir cartas de crédito a los exportadores estadounidenses y proporcionar moneda extranjera a los importadores. Cualquier otra cosa se enviaba a un «banco corresponsal» en el país de que se tratara.

Incluso las pocas firmas financieras que entonces tenían oficinas fuera de su país de origen (como era el caso del Deutsche Bank y de lo que ahora es Citibank en Suramérica) usaban esas «sucursales» principalmente para atender a sus propios clientes nacionales. «Nuestra primera tarea —me dijo el director de una de las sucursales más prósperas de lo que ahora es Citibank, a principios de los 1950— es ser para las empresas estadounidenses lo que American Express es para el turista de Estados Unidos».

Pero hoy, todas esas firmas son globales y operan «transnacionalmente». Están por todas partes, en todas las principales capitales empresariales del mundo. Cada establecimiento principal es, por propio derecho, una sede central. Su misión ya no es atender a los clientes nacionales de la casa matriz, sino llegar a ser uno de los principales actores en los negocios tanto nacionales como internacionales del país donde está situado.

Igualmente radical es el propio negocio. Estas instituciones de servicios financieros no son bancos comerciales ni bancos de inversiones ni bancos mercantiles ni tampoco agentes de bolsa, las típicas empresas financieras de 1950. Algunas siguen ofreciendo los servicios tradicionales, pero pocas tratan de fomentarlos. De hecho, los productos de los servicios financieros de hoy apenas existían anteriormente. Veamos algunos ejemplos; gobernar y financiar las fusiones, adquisiciones y desinversiones, tanto amistosas como hostiles; financiar el *leasing* de equipamientos en todo el mundo; financiar la expansión global de las compañías manufactureras y comerciales. Y no existía nada ni remotamente parecido al enorme negocio de divisas generado actualmente por el comercio y las inversiones mundiales.

Aunque el nuevo sector de servicios financieros empezó con el renacimiento de la City londinense, a principios de la década de 1960, a partir de 1970 se extendió rápidamente por todo el mundo. Pero, pese a su éxito —es más, en gran parte debido a él— el sector tendrá que reinventarse si quiere continuar prosperando durante el siglo XXI. Los productos que alimentaron su crecimiento —empezando por el eurodólar y los eurobonos, es decir, el renacimiento de la City— ya no pueden sostenerlo. Hace cuarenta años eran innovaciones, ahora se han convertido en «bienes de consumo», lo cual significa que cada vez rinden un menor beneficio, o ninguno. Y para cada negocio parece haber muchos postores. El que se lo lleve puede hacer mucho dinero, pese a los fuertes gastos, pero a los demás sólo les quedarán esos gastos. Así que una parte cada vez mayor de los ingresos de las principales firmas —tanto si son propiedad de estadounidenses, como de alemanes, holandeses o suizos— ya no proceden de los honorarios que los clientes pagan por sus servicios. Vienen de las operaciones hechas para la cuenta de la propia firma; en valores mobiliarios, en derivados, divisas y bienes de consumo.

Todas las firmas de servicios financieros tienen que hacer algunas operaciones por su propia cuenta. Es una parte habitual de la gestión de sus propias finanzas y tiene como objeto minimizar el riesgo, cubriendo, por ejemplo, el desfase existente entre las fechas de vencimiento de lo que la empresa debe y de lo que le deben. Además, un cierto comercio por cuenta propia de la empresa puede y debe ser rentable con un mínimo riesgo; explota el conocimiento que la firma tiene de los mercados. Pero cuando ese comercio se convierte en la actividad principal, deja de ser «comercio» y se convierte en «apuesta». Y por inteligente que sea el apostador, la ley de las probabilidades garantiza que acabará perdiendo todo lo que ha ganado y mucho más.

Es algo que ya les está pasando a las principales firmas de servicios financieros. Casi todas las grandes han informado de importantes «pérdidas de los beneficios de explotación». En algunos casos, esas pérdidas han sido tan importantes que han matado a la empresa. Un ejemplo es Barings, el banco privado londinense más antiguo y respetado del mundo; lo que queda de él ahora es propiedad de un grupo financiero holandés. Unas pérdidas similares obligaron al Bankers Trust de Nueva York, que no hace tanto tiempo era uno de los bancos internacionales más respetados, a venderse al Deutsche Bank de Alemania. Varios gigantes financieros japoneses sobrevivieron a sus pérdidas (por ejemplo, Sumitomo al especular con el cobre) sólo porque Japan Inc. acudió al rescate, pero ni siquiera Japan Inc. logró salvar a Yamaichi, uno de los mayores agentes de bolsa de Tokio, de las pérdidas en que había incurrido al comerciar con títulos por cuenta propia.

En cada una de estas pérdidas, la alta dirección de la firma afirmó que no sabía nada de esas jugadas especuladoras y que esa práctica infringía las normas de la firma. Pero, en primer lugar, hay un límite para las coincidencias. Unas quiebras tan extendidas no pueden achacarse a las «excepciones». Denotan un fallo del sistema. Pero, además, en cada uno de esos «escándalos», la alta dirección parece haber tenido buen cuidado de mirar hacia otro lado mientras la operación producía beneficios (o por lo menos, pretendía producirlos). Hasta que las pérdidas fueron tan enormes que ya no fue posible ocultarlas, el especulador era un héroe y nadaba en dinero.

Ningún sector puede sobrevivir, y mucho menos prosperar, a menos que cobre por los servicios rendidos a otros, es decir, a los clientes y usuarios externos. Pero los clientes de las empresas financieras que comercian por cuenta propia son otras firmas financieras que comercian por cuenta propia. Y esto es un «juego suma cero» donde las ganancias de una firma son las pérdidas de otra y no queda nada para pagar los gastos de ninguna de las dos.

Todavía existe una zona para el auténtico crecimiento de los actuales servicios financieros: Japón. Su sistema financiero sigue siendo, en gran medida, anterior a 1950 y está absolutamente anticuado. Japón va permitiendo, lentamente, que los extranjeros proporcionen servicios financieros modernos y, siempre que se les ha permitido la entrada, esos extranjeros —principalmente, los estadounidenses, pero también los alemanes, franceses y británicos— han alcanzado rápidamente el éxito y se han convertido en líderes. Son, por ejemplo, los actores clave en el mercado bursátil de Tokio. De forma parecida, las empresas extranjeras se encargan, cada vez más, de las inversiones no japonesas de los fondos de pensiones y de las empresas de seguros japonesas, y puede que pronto se les permita convertirse en gestoras de los fondos de pensiones japoneses. Y una firma estadounidense, Merrill Lynch, puede ahora atender a los inversores institucionales y también a los minoristas en Japón, gracias a su adquisición de Yamaichi.

Pero Japón podría ser «el último hurra» del sector de los servicios financieros en su forma actual. En volumen, puede que la demanda para los productos actuales del sector crezca en los próximos años cuando Europa y Asia aceleren su reestructuración, que todavía queda muy por detrás de la de Estados Unidos. Pero es poco probable que la rentabilidad del sector se recupere. Sus productos y servicios tradicionales llevan tanto tiempo en el mercado que hay un exceso de oferta, tanto en personas como en firmas excelentes. Se produce así una diferenciación cada vez menos clara entre los diferentes servicios financieros que cada firma puede ofrecer. Los clientes lo saben y, de forma creciente, contrastan las diferentes ofertas para conseguir el mejor trato.

Es hora de innovar

La razón de que el sector de los servicios financieros tenga problemas es muy sencilla. Las instituciones financieras dominantes no han hecho ni una innovación de importancia en treinta años.

Las dos décadas que van de 1950 a 1970 produjeron una innovación tras otra. El Eurodólar y el Eurobono fueron sólo dos de ellas. Apareció el inversor institucional, nacido con la creación del primer fondo de pensiones moderno, el de General Motors, en 1950, que disparó un verdadero auge en los fondos de pensiones corporativos, pero que, además, convirtió los entonces todavía marginales fondos mutuos en una institución financiera fundamental. A la vuelta de unos pocos años, esto condujo a la fundación de la primera firma específicamente pensada para servir a los nuevos inversores institucionales: Donaldson, Lufkin y Jenrette, de Nueva York. Aproximadamente por la misma época, en Nueva York, Felix Rohatyn (que más tarde sería embajador de Estados Unidos en Francia) inventó el nuevo cometido del banquero privado como iniciador y administrador de adquisiciones, especialmente de las adquisiciones hostiles.

La década de 1960 presenció también la invención de la tarjeta de crédito, ahora ubicua y en camino de ser «moneda de curso legal», especialmente en los países desarrollados. Es, en gran medida, la tarjeta de crédito lo que ha permitido que los bancos comerciales sobrevivieran cuando buena parte de su negocio tradicional, los préstamos comerciales, fue absorbido por las nuevas instituciones de servicios financieros. Las innovaciones restantes fueron hechas, ambas, por Walter Wriston (nacido en 1919) poco después de convertirse en director de Citibank en 1967. Casi inmediatamente, transformó su empresa para convertirla, de un banco estadounidense con sucursales en el extranjero, en un banco global con sedes múltiples. Y su forma de entender, años más tarde, que «la práctica bancaria no tiene que ver con el dinero, tiene que ver con la información», creó lo que yo llamaría la «teoría del negocio» para el sector de los servicios financieros.

Desde entonces, hace treinta años, las únicas innovaciones aparecidas han sido innumerables derivados supuestamente «científicos». Pero esos instrumentos financieros no están pensados para proporcionar un servicio a los clientes. Están pensados para hacer que las operaciones especulativas sean más rentables y, al mismo tiempo, menos arriesgadas; lo que sin duda es una violación de las leyes básicas del riesgo, de ahí que no es muy probable que funcione. De hecho, es improbable que funcione mejor que los sistemas igualmente «científicos» del jugador inveterado que trata de ganar las apuestas en Montecarlo o Las Vegas, como han descubierto a su costa muchos agentes. Por lo demás, sólo ha habido mejoras menores para mejorar ligeramente lo que ya se hacía bastante bien. Como resultado, los productos del sector se han convertido en bienes de consumo y son cada vez menos rentables y más caros de vender.

Esto es, por supuesto, lo que tanto la teoría económica como la experiencia podían haber previsto. En realidad, la trayectoria de los servicios financieros es un ejemplo de manual de las dos teorías de la innovación clásicas, la del economista francés J.B.Say en su libro de 1803, *Traité de l'économie politique* [Tratado de Economía Política] y la del austro-estadounidense Joseph Schumpeter en su libro de 1912, *Theorie der Wirtschaftlichen Entwicklung* [Teoría del Desarrollo Económico].

Say explicaba, en los inicios de la Revolución Industrial, por qué no podían ser demasiadas las fábricas de tejidos que utilizaran la *spinning Jenny* (hiladora con varios husos) y la máquina de vapor siendo, todas ellas, enormemente rentables. Mostraba que, al principio, esas invenciones creaban su propia e insaciable demanda y así, en sus primeras etapas, generaban una rentabilidad más alta para todos, cuantos más mejor. Schumpeter, algo más de un siglo después, mostró que esta etapa no puede durar mucho tiempo por la sencilla razón de que el alto «beneficio del innovador» pronto atrae demasiados imitadores. La industria cambia entonces, dejando de fabricar y vender productos y servicios muy rentables y pasando a fabricar y vender bienes de consumo improductivos, aun cuando la demanda siga siendo fuerte.

Ahora sólo hay tres posibles caminos para el sector de los servicios financieros. El más fácil, y usualmente el más utilizado, es seguir haciendo lo que funcionó en el pasado. Sin embargo, seguir ese camino equivale a iniciar un declive constante. Puede que el sector sobreviva; después de todo, sigue habiendo muchas fábricas de tejidos, pero por mucho que se esfuerce, seguirá yendo cuesta abajo.

El segundo camino es que el sector se vea sustituido por recién llegados y organismos innovadores ajenos al sector; lo que Schumpeter denominaba «destrucción creativa». Esto es, básicamente, lo que sucedió en la City londinense hace treinta y cinco años. Excepto Rothschild y Schroder, ninguna de las primeras firmas de la City de 1950-1960 sigue en manos inglesas, ni siquiera Warburg. Todas son ahora filiales propiedad, totalmente, de empresas extranjeras; estadounidenses, holandesas, suizas, alemanas y francesas.

Para el actual sector de los servicios financieros, el primer camino no es viable. Están teniendo lugar demasiados cambios en el mundo —sociales, económicos, tecnológicos, políticos— que afectan también a un sector importante pero enfermo. Se puede hacer demasiado dinero arrebatando trozos de lucrativos negocios a los gigantes con problemas, especialmente aquellos obsesionados con la especulación hasta el punto de descuidar sus legítimos negocios. Y con los sitios *web* y el comercio electrónico, es fácil que los extraños entren en el sector si pueden ofrecer algo nuevo y verdaderamente diferente.

El segundo camino —ser sustituidos, probablemente con mucha rapidez, por los innovadores ajenos al sector— sigue siendo una posibilidad para las firmas actuales. Pero también hay un tercer y definitivo camino: convertirse ellas mismas en innovadores y en sus propias «destructoras creativas».

No faltan oportunidades para unos servicios financieros nuevos y muy rentables. En realidad, la mayor —y probablemente, la más rentable— de esas oportunidades no exija ninguna innovación en absoluto. Sólo exige trabajo duro. Descansa en la realidad demográfica; es decir, en atender a las nuevas y diferentes necesidades financieras de la cada vez más numerosa clase media, una clase que va envejeciendo y que dispone de dinero, tanto en los países desarrollados como en los que están en vías de desarrollo. Estas personas no son «ricas» y, por lo tanto, no resultan atractivas como clientes para las firmas financieras tradicionales. Pero aunque sus compras, individualmente, puedan ser relativamente modestas —raramente más de 30.000/50.000 dólares al año, por familia— colectivamente, las sumas que vierten en inversión eclipsan con mucho todo lo que tienen a su disposición todos los «superricos» juntos, incluyendo los jeques del petróleo, los rajas indonesios y los multimillonarios del *software*.

Este mercado fue descubierto hace treinta años por Edward Jones, entonces una firma de corredores de bolsa provinciana, minúscula y totalmente desconocida de St.Louis, Missouri. Cuando descubrió este mercado, Edward Jones decidió abandonar todos sus otros negocios y dedicarse exclusivamente al inversor individual, de clase media; propietarios de pequeñas empresas, profesionales de éxito, etcétera, y no vender nada que no fuera apropiado para este grupo. Ahora es una firma nacional importante y muy rentable en todos los ámbitos. Y ese mercado no se limita a Estados Unidos, como demostró Edward Jones hace unos años cuando abrió oficinas en Inglaterra, en las pequeñas ciudades de alrededor de Londres. Totalmente desconocido, y con una manera de enfocar los negocios, las inversiones y los clientes que era, y sigue siendo, nueva consiguió una respuesta inmediata.

El tipo de cliente de Jones constituye el grupo de población de más rápido crecimiento en todos los países desarrollados o en vías de desarrollo. Además de Norteamérica, esto incluye la totalidad de Europa, los países más populosos de América Latina, Japón, Corea del Sur y también las zonas metropolitanas de la China continental, en total cerca de la mitad de la población mundial.

Este mercado puede llegar a ser el sucesor en el siglo XXI del primer mercado financiero a gran escala: los seguros de vida. Al proporcionar protección económica contra el riesgo de una muerte excesivamente temprana, un riesgo muy importante en los siglos XVIII y XIX, el seguro de vida se convirtió en el mayor sector económico de esos siglos, creciendo de forma rentable en todo el mundo durante más de 150 años, es decir hasta 1914. Proporcionar protección económica contra el nuevo riesgo de no morir lo bastante temprano bien puede convertirse en el producto financiero principal y más rentable del próximo siglo.

Veamos otro ejemplo, aunque, en éste, el sector todavía tiene que crearse: ser el director financiero y «externalizador» para las empresas de tamaño medio. Salvo en Japón y Corea del Sur, las empresas de tamaño medio dominan no sólo en todas las economías desarrolladas, sino también en las economías en vías de desarrollo, tanto en América Latina como en Taiwan. Sus ochenta mil empresas *Mittel-stand* (es decir, de tamaño medio) son la columna vertebral de la economía alemana. Y lo mismo sucede con sus homólogas de Estados Unidos, Francia, Holanda, Italia, Brasil y Argentina.

En términos de productos, tecnología, marketing y servicio al cliente, las empresas de tamaño medio suelen tener la masa crítica necesaria. Pero en la gestión financiera, quizá la mayoría no tengan el tamaño exigible para sostener la capacidad que necesitan. Es usual, por ejemplo, que funcionen con una productividad del capital asombrosamente baja y que cuenten, unas veces, con muy poco y otras con demasiado efectivo. Un número creciente de esas empresas ya encarga a empresas externas el cuidado de sus sistemas de información y procesamiento de datos; sus operaciones auxiliares, la administración corriente del personal e, incluso, buena parte de la investigación y desarrollo de productos. ¿Cuánto tiempo más pasará antes de que estén preparadas para «externalizar» la gestión del dinero en su empresa?

Las herramientas para hacer este trabajo están ya plenamente desarrolladas, por ejemplo el AVE (análisis del valor económico) o la previsión y gestión del *cash-flow.* Las necesidades de gestión económica de esas empresas son previsibles. Y en todo el mundo caen dentro de un pequeño número de categorías, bien conocidas de cualquier banquero comercial con experiencia. El premio de crear una empresa que proporcione gestión financiera a esas empresas de tamaño medio puede ser enorme, no sólo por los honorarios, sino también por unos beneficios importantes derivados de «garantizar» las necesidades financieras de los clientes; es decir, convertirlas en productos de inversión que sean especialmente atractivos para el inversor maduro, «minorista» y de clase media.

Veamos un último ejemplo de una posible oportunidad para nuevos servicios financieros: unos instrumentos que protejan a las empresas contra unas pérdidas catastróficas en moneda extranjera convirtiendo los riesgos monetarios en un coste ordinario de la práctica empresarial, con una prima asequible y fija, quizá no superior al 3 ó 5% del riesgo monetario de una empresa. También en este caso, la mayoría de los conocimientos necesarios para un instrumento así —medio seguro, medio inversión— están disponibles en gran parte: los conceptos actuariales para determinar el tamaño muestra necesario y la combinación del riesgo; el conocimiento de la gestión del riesgo; el conocimiento y los datos económicos para identificar las monedas en peligro, etcétera.

La necesidad es apremiante; también en este caso, sobre todo entre el enorme número de empresas de tamaño medio que hay en todo el mundo y que se encuentran, súbitamente, expuestas a una economía global caótica. Ninguna empresa, salvo las que tengan un tamaño excepcionalmente grande, puede protegerse a sí misma de ese riesgo. Sólo la agregación, que somete los riesgos a la probabilidad, podría hacerlo. Y de nuevo, una firma de servicios financieros de esas características también podría «valorizar» su cartera y, así, crear inversiones atractivas para el nuevo mercado financiero minorista.

Estos son sólo ejemplos y, salvo en lo relativo al mercado minorista de las personas maduras acomodadas, ya atendido, siguen siendo hipotéticos. Si se desarrollaran, podrían tener un efecto tremendo en las instituciones de servicios financieros ya existentes. La externalización de la gestión financiera de las empresas de tamaño medio podría, por ejemplo, borrar de un plumazo, prácticamente de un día para otro, buena parte de los negocios más rentables de compañías de servicios financieros como GE Capital. Convertir en asegurable el riesgo monetario catastrófico podría, igualmente, dejar obsoletos a la mayoría de los negocios en moneda extranjera de las instituciones existentes, por no hablar de su frenético intercambio de divisas y su especulación en derivados.

Después de veinticinco años desdeñando el mercado de inversiones de las clases medias, algunas de las instituciones financieras tradicionales de Estados Unidos han empezado a aceptar su existencia e importancia. Merrill Lynch, por ejemplo, está entrando decididamente en él. Que funcione o no todavía está por ver. Es bastante probable que, al igual que muchos otros negocios minoristas, el éxito en este mercado exija una concentración exclusiva, y Merrill Lynch está tratando de combinar ser el proveedor de servicios financieros para este mercado tan característico y ofrecer una amplia serie de otros servicios financieros, en su mayoría muy tradicionales.

Pero fuera de este mercado que, bien mirado, tiene 30 años de existencia, no hay indicios de que ninguna de las grandes firmas globales de servicios financieros estén ni siquiera experimentando con esos nuevos negocios potenciales ni con cualquier otra cosa que pudiera ser una innovación. Estos nuevos negocios exigen largos años de trabajo duro, concienzudo y paciente, y quizás eso no encaje en la mentalidad de especulador que, en la actualidad, parece regir en las grandes firmas dominantes de servicios financieros. Sin embargo, es muy probable, es más casi predecible, que alguien, en algún lugar, estará ya trabajando en estos o similares nuevos servicios financieros que, cuando se introduzcan, sustituirán a los actuales o harán que no sean rentables.

Puede que no sea demasiado tarde para que las actuales firmas de servicios financieros vuelvan a ser innovadoras. Pero no hay duda de que es muy tarde.

(1999)

10. ¿El capitalismo está superado?

Esta entrevista fue realizada por Nathan Gardels, redactor de *New Perspectives Quarterly*, en el despacho del autor en Claremont, California. El autor especificó los temas y las preguntas del entrevistador. El propio autor revisó el borrador del entrevistador y dio la forma final al texto. La entrevista apareció en *New Perspectives Quarterly*, en el número de la primavera de 1998.

NG:Recientemente, algunos de los máximos defensores del capitalismo, personas como usted y el financiero George Soros, se han convertido en sus máximos críticos. ¿Qué le critican?

PD:Yo soy partidario del libre mercado. Aunque no funciona demasiado bien, todo lo demás no funciona en absoluto. Pero tengo serias reservas sobre el capitalismo como sistema, porque idolatra a la economía, como si fuera la única razón de ser, el objetivo único de la vida. Es unidimensional.

Por ejemplo, con frecuencia he advertido a varios directores de que la relación salarial de 20-1 es el límite que no pueden superar si no quieren que el resentimiento y la desmoralización invadan sus empresas. En la década de 1930, me preocupaba que la enorme desigualdad generada por la Revolución Industrial tuviera como resultado tanta desesperanza que abonara el terreno para algo parecido al fascismo. Por desgracia, tenía razón.

Hoy, creo que es social y moralmente imperdonable que los directivos cosechen unos enormes beneficios para ellos mismos, pero despidan a los trabajadores. En tanto que sociedad, pagaremos un fuerte precio por el desprecio que eso genera entre los mandos medios y los trabajadores.

Para decirlo en pocas palabras, aspectos enteros de lo que significa ser un ser humano y que te traten como a tal no entran en el cálculo económico del capitalismo. Que un sistema tan miope domine otros aspectos de la vida no es bueno para ninguna sociedad.

Respecto al mercado, hay varios problemas graves en la propia teoría.

Para empezar, esa teoría da por supuesto que existe un mercado homogéneo. En realidad, hay tres mercados que se solapan y que, en general, no se intercambian: el mercado internacional de dinero e información, los mercados nacionales y los mercados locales.

La mayoría de lo que pasa por dinero económico transnacional es, por supuesto, sólo dinero virtual.

El mercado interbancario londinense tiene, cada día, un volumen de actividad mayor, en dólares, de lo que el mundo entero necesitaría para financiar todas las transacciones económicas durante un año.

Es un dinero sin función. No puede generar ningún beneficio porque no sirve a función alguna. No tiene poder adquisitivo. Es, por lo tanto, fuertemente especulativo y propenso al pánico cuando corre de acá para allá para ganar ese último sesentaicuatroavo de un 1%.

Luego, tenemos una gran economía nacional que no está expuesta al comercio internacional. Alrededor de un 24% de la actividad económica de Estados Unidos está expuesta a ese comercio; en Japón el porcentaje es de sólo el 18%.

Después está la economía local. El hospital que hay cerca de casa ofrece una atención de muy alta calidad y es muy competitivo. Pero no compite con los hospitales que hay en Los Ángeles, a sesenta kilómetros. El radio de mercado eficaz para los hospitales en este país es de unos quince kilómetros porque, por alguna oscura razón que ningún economista podría explicar, a la gente le gusta estar cerca de su madre enferma.

Además, lo que impulsa los mercados ha cambiado. El centro de la gravedad económica varió en algún momento de este siglo. En el siglo XIX, con el acero y el vapor, la oferta generaba demanda. Sin embargo, desde la Gran Depresión, se han vuelto las tornas: en los productos tradicionales, desde la construcción de viviendas a los coches, la demanda debe preceder a la oferta, aunque esto no sea todavía verdad en el caso de la información y la electrónica, que estimulan la demanda.

Más allá de esta definición de los mercados, el problema verdaderamente profundo es que la teoría del mercado se basa en el supuesto del equilibrio y así no puede dar cabida al cambio y mucho menos a la innovación.

Se trata más bien de que la auténtica pauta de la actividad económica, como reconoció Joseph Schumpeter, ya en 1911, es «un desequilibrio en movimiento» causado por el proceso de destrucción creativa al crearse nuevos mercados con nuevos productos y nueva demanda a expensas de los anteriores.

Por lo tanto, los resultados del mercado no pueden explicarse en términos de lo que la teoría habría predicho. De hecho, el mercado no es un sistema predecible; no podemos basar nuestra actuación en él. Esa es una limitación bastante importante para elaborar una teoría de la conducta humana.

Lo único que podemos decir es que, al final, cualquier equilibrio a largo plazo es el resultado de muchas adaptaciones a corto plazo a las señales que transmite el mercado.

Esta es, en última instancia, la fuerza del mercado: Impone la disciplina del corto plazo. Al devolvernos información por medio de los precios, nos disuade de desperdiciar tiempo y recursos dispersándonos en todas direcciones como los caballeros del Rey Arturo.

La vieja idea era que si cabalgabas lo suficiente tropezarías con algo. El mercado te dice que si no tropiezas con algo en cinco semanas, será mejor que cambies de rumbo o hagas otra cosa.

Fuera del corto plazo, el mercado es inútil. Como sabe, he participado en más sesiones para planificar la investigación de grandes compañías de las que me correspondían. Fundamentalmente, esta actividad es un acto de fe. Cuando el director financiero pregunta sobre un proyecto dado, como siempre hace: «¿Qué beneficios nos reportará?», la única respuesta es: «Lo sabremos dentro de diez años».

NG:Hace años escribió sobre la propiedad de los fondos de pensiones de la economía estadounidense diciendo que era un «capitalismo sin capitalistas», y que los fondos de jubilación de los trabajadores son dueños de los medios de producción.

Hoy esa dispersión de riqueza ha llegado incluso más lejos debido a la explosión de los fondos mutuos; más de un 51% de estadounidenses tienen acciones.

¿Hemos llegado al capitalismo masivo o al poscapitalismo?

PD:Bueno, llamarlo poscapitalismo sólo es reconocer que no sabemos cómo llamarlo.

También podríamos llamarlo democracia económica ya que no hay ninguna forma de gobierno asociada a esta propiedad masiva.

Lo que sí es cierto es que se trata de un fenómeno totalmente nuevo en la historia.

Mi jardinero, que no es un hombre rico, coge la sección de «mercados monetarios» del *Wall Street Journal* que le dejo en la puerta de atrás cada semana para orientarse en sus inversiones bursátiles.

Un amigo mío que trabaja con un servicio financiero regional que tiene dos millones de cuentas me decía recientemente que su inversor medio ha pasado de ingresar 10.000 dólares al año a ingresar 25.000 dólares en su fondo mutuo.

Quizá sea cierto que los capitalistas ya no importan. En los periodos tempranos de la adoración a los ricos, se oyeron voces vehementes que opinaban «necesitamos a los ricos para la formación de capital» y otras que decían «los ricos sólo nos están explotando». Esas opiniones han dejado de oírse.

En un tiempo, J.P.Morgan era importante para la economía de Estados Unidos. En su momento cumbre tenía el suficiente capital líquido como para financiar todas las necesidades de capital de este país durante cuatro meses.

Después de ajustarlo a la inflación, J.P.Morgan tenía, probablemente, menos de un tercio de lo que Bill Gates tiene hoy. Esa cantidad de riqueza en manos de un solo hombre no se había visto en el mundo desde los tiempos del gran Khan de China. Pero hoy los cuarenta mil millones de Gates no llegarían a financiar la economía de Estados Unidos ni un día.

Bill Gates es importante debido a la compañía Microsoft que ha construido y al *software* que usamos. En tanto que hombre rico, carece de relevancia. La manera en que gaste o malgaste su dinero no tendrá repercusiones en la economía de este país. Es una gota de agua en el mar.

La riqueza que marca una diferencia en Estados Unidos hoy es la de decenas de millones de pequeños inversores.

NG:En el pasado, el socialismo estatal no logró producir riqueza ni proporcionar servicios sociales de forma eficaz. Sin embargo, el capitalismo ignora cualquier otra dimensión de la vida que no sea el intercambio económico. Y, como usted dice, el mercado es sólo corto plazo. ¿Cómo se las arregla la sociedad, entonces, a largo plazo?

PD:Ahora sabemos que necesitamos tres sectores, no dos. No sólo el gobierno y las empresas, sino lo que, ahora, la gente llama la sociedad civil o el tercer sector entre los otros dos.

En realidad, creo que la alternativa realista al espejismo socialista, por un lado, y al puro mercado, por el otro, combinan la propiedad dispersa de la economía a través de los fondos mutuos y de pensiones con un «tercer» sector no lucrativo para responder a las necesidades comunitarias, desde la atención sanitaria a las clases particulares para estudiantes.

La idea que tienen algunos de mis amigos republicanos, que creen que podemos arreglárnoslas sin gobierno, es una tontería. Es una reacción comprensible debida a la convicción de la posguerra, de que el gobierno podía encargarse de todas las necesidades comunitarias.

Pero hemos aprendido que el gobierno, como cualquier otro instrumento, es bueno para algunas cosas y no lo es para otras. Por ejemplo, es importante para la defensa colectiva y para recaudar, por medio de los impuestos, los medios financieros necesarios para las infraestructuras.

Pero, igual que es improbable que consiga cortarme las uñas de los pies con un martillo, también el gobierno resulta incompetente para satisfacer las necesidades comunitarias. Todo lo que un Estado hace, tiene que hacerlo a escala nacional. No puede experimentar ni adaptar algo a las necesidades locales de una comunidad.

El Estado tiende a definir un problema de manera estándar y luego monopoliza la solución. Pero lo que funciona en St.Louis no suele funcionar ni siquiera en Kansas City, por no hablar de Nueva York o Los Ángeles.

Con su singular móvil, los beneficios, el mercado no tiene, sencillamente, ningún interés ni capacidad para hacer frente a los problemas sociales.

Aunque la gente suele pensar en mí como consultor de gestión empresarial, he dedicado mucho de mi tiempo, durante cincuenta años, a asesorar a organizaciones no lucrativas. Hace quince años, sólo había registrados en el IRS, *Internal Revenue Service* (Hacienda Pública) trescientos mil grupos no lucrativos, exentos de impuestos, entre ellos grupos muy conocidos como la *American Heart Association* y la *American Lung Association*. Ahora son más de un millón.

También he ayudado a establecer una fundación para la gestión no lucrativa, dirigida por el anterior ejecutivo nacional de las *Girl Scouts*. La idea era sencilla: No es tanto que estas organizaciones estén mal dirigidas como que están poco dirigidas. Al no estar sometidas a la disciplina del mercado, necesitan tener una misión concreta y estar orientadas a la obtención de resultados como meta final.

Uno de los problemas que ha tenido nuestra fundación ha sido la abrumadora demanda procedente de países tan diversos como Japón, Brasil, Argentina y Polonia. Todos necesitan, de forma apremiante, instituciones del sector social, que van desde la formación de asociaciones de personal de enfermería hasta el establecimiento de albergues para mujeres maltratadas, pasando por la educación agrícola para los campesinos de lugares como la Patagonia.

NG:¿Por qué está creciendo el sector social en Japón, donde la comunidad era tan fuerte?

PD:Mire, están pasando dos cosas. En primer lugar, la estructura comunitaria tradicional se está desmoronando. En segundo lugar, las mujeres instruidas, que han trabajado durante unos años y luego lo han dejado para tener hijos, unos hijos que más tarde se van a la escuela, se aburren.

¿Qué clase de problemas sociales tiene Japón? Cuando cumples cincuenta y cinco años de edad, en Japón, prácticamente, te tiran a la basura, aun cuando es probable que vivas otros treinta años más. Así pues, los mayores organizan clubes de deportes, de *ikebana*, etcétera, para mantenerse ocupados.

Uno de los nuevos grupos del sector social que está teniendo más éxito en Japón se ocupa de una actividad sumamente no japonesa: la «comida sobre ruedas» para los ancianos que no pueden salir de casa.

Los jóvenes ya no cuidan de los ancianos. Sin embargo, el programa de «comida sobre ruedas» tropezó con la oposición del gobierno, porque significaba admitir que a sus ancianos no les iba tan bien. La verdad es que esto es una mancha en el honor japonés. Pero es un hecho.

Hay también una tremenda necesidad entre los adolescentes y los niños en edad escolar de que alguien los lleve y los recoja de la escuela, supervise sus deberes escolares y dé clases particulares a los que no consiguen las mejores notas.

Nadie fuera de Japón parece saber que mientras un 20% de los estudiantes japoneses son sobresalientes, el resto, los que no lo son, quedan sencillamente olvidados. El sector social trata de encargarse de ellos.

También hay clases de conversación y lectura en inglés para las mujeres japonesas que aprendieron un poco en la escuela secundaria o en el trabajo y quieren conservarlo. En la actualidad, hay más de 185.000 círculos de este tipo, incluso en ciudades pequeñas.

En Japón hasta existe una Asociación de Alcohólicos Anónimos. No sé lo grande que es, pero a veces parece como si todos los asalariados del país pudieran llegar a pertenecer a ella.

NG:Sin embargo, en Estados Unidos, la envergadura de los problemas sociales significa que las asociaciones voluntarias no pueden encargarse de ellos, ¿no es así?

PD:Quizá no por completo. Pero el campo de actividad es enorme. Más de un 50% de estadounidenses trabaja cuatro horas, por lo menos, en una asociación voluntaria de algún tipo, en la iglesia o en la comunidad.

Y las soluciones que se les ocurren para los problemas comunitarios son muy creativas. A lo largo de los años, he aprendido una lección muy importante: los ejemplos prácticos de cómo se resuelven los problemas sociales son enormemente importantes porque otros los copiarán.

Con este fin, cada año, la Fundación Drucker concede un premio a una asociación voluntaria para destacar su ejemplo y que otros puedan reproducirlo.

Un año dimos el premio a un grupo muy pequeño dirigido por un inmigrante que encontró el medio de reunir a las madres más desfavorecidas, más improductivas, dependientes de la asistencia social y a los niños con más graves problemas de discapacidad. Esto llevó a una situación en la que los discapacitados estaban atendidos y, con el tiempo, las madres alcanzaron la formación necesaria para conseguir un empleo bien pagado.

Otro proyecto que destacamos fue el de una iglesia luterana de St.Louis. Descubrieron que, en su zona, alrededor de las dos quintas partes de la gente sin hogar, en su mayoría familias, necesitan muy poco para volver a ponerse en pie.

Lo primero que hicieron fue evaluar qué era lo que más necesitaban esas familias sin hogar. La respuesta fue dignidad.

Así que los miembros de la congregación se dedicaron a comprar casas muy deterioradas y a buscar voluntarios que las restauraran para convertirlas en cómodos hogares de clase media. Luego trasladaban allí a la familia sin hogar. Eso, en sí mismo, cambiaba la actitud de esas personas ante la vida. Luego designaban a miembros de la iglesia para que ayudaran a la familia a pagar las facturas y a encontrar trabajo. Al final, alrededor del 80% de las familias de su programa se las arreglaron, de forma permanente, sin ninguna clase de apoyo.

Luego tenemos organizaciones como las *Girl Scouts* que están alcanzando nuevos niveles de participación. Hace unos años habían bajado hasta alrededor de quinientas mil voluntarias. Ahora están en unas novecientas mil.

Antes, los voluntarios solían ser amas de casa de mediana edad que se aburrían en casa. Ahora, la mayoría de veces, los nuevos voluntarios son mujeres profesionales que han pospuesto tener hijos, pero a las que les gusta estar con chicas jóvenes durante el fin de semana, después de haberse pasado toda la semana rodeadas de hombres.

Durante la mayor parte de los últimos veinticinco años he trabajado con las megaiglesias protestantes, de tan rápido crecimiento en Estados Unidos, que creo son uno de los fenómenos sociales más significativos del mundo actual. Enseñan activismo comunitario y animan a la gente a vivir su fe haciendo cosas para mejorar la vida de los demás.

Aunque puede que las iglesias tradicionales estén muriendo en ciertos sentidos, en otros se están transformando.

Tomemos la Iglesia católica en Estados Unidos. El Papa Juan Pablo II ha tenido buen cuidado de dotarla de obispos conservadores, porque es una iglesia que le asusta. No son tanto los problemas teológicos, los sacerdotes casados y las mujeres ordenadas lo que le preocupa, sino ese enorme brote de actividad en las diócesis que está impulsado por los laicos y que el obispo no controla.

En una de las diócesis más grandes del Medio Oeste que conozco, antes había setecientos sacerdotes; ahora hay apenas doscientos cincuenta. Casi no hay monjas, pero sí que hay dos mil quinientas seglares. Todas las parroquias tienen una administradora seglar.

Lo único que hace el sacerdote es decir misa y administrar los sacramentos. Las mujeres se encargan del resto como voluntarias. Se ha recorrido un largo camino desde los días de las mujeres que se encargaban del adorno del altar.

NG:¿Por qué Estados Unidos tiene un sector terciario tan grande y vital comparado con otros países, incluyendo otros países occidentales?

PD:Ningún otro país se acerca siquiera a la escala de actividad de Estados Unidos en el sector de las organizaciones no lucrativas porque, esencialmente en otros lugares, los funcionarios del moderno Estado nacional han destruido el sector comunitario.

En Francia, es casi un crimen hacer algo por la comunidad. El sector voluntario en la Inglaterra victoriana era bastante grande. Se encargaba de los pobres, los delincuentes, la prostitución, la vivienda. Pero en el siglo XX el Estado del bienestar casi lo destruyó.

En Europa, la lucha esencial fue liberar al Estado del dominio de la iglesia, lo cual explica por qué la Europa continental tiene una tradición anticlerical tan enorme.

En Estados Unidos, fue todo lo contrario. Cuando Jonathan Edwards estableció la doctrina de la separación de la iglesia y el Estado, alrededor de 1740, fue con el fin de liberar a la iglesia del Estado. El anticlericalismo nunca ha tenido un lugar en este país.

Debido a esta libertad, Estados Unidos ha desarrollado una tradición de pluralismo religioso y de iglesias no vinculadas al gobierno. Y, al igual que con el pluralismo, las diferentes confesiones han competido para conseguir feligreses. De esa competencia nació una tradición de participación comunitaria que no existe en otros países.

Salvo la Universidad de Virginia, de Jefferson, todas las universidades de Estados Unidos fueron confesionales hasta que se fundó Oberlin en 1833.

La crisis asiática

Los problemas económicos de Asia no me interesan mucho, en realidad, porque es poco probable que lo que se puede resolver con dinero se convierta en un problema grave, a menos que se sea estúpido.

Y los asiáticos no son estúpidos. Fundamentalmente, la crisis asiática no es económica, sino social. En toda la región, las tensiones sociales son tan altas que me recuerdan la Europa de mi juventud, donde acabaron en dos guerras mundiales.

En muchos sentidos, vemos en Asia el mismo tipo de tensiones que surgió en Europa como resultado de la «gran conmoción» provocada por la Revolución Industrial a gran escala y la rápida urbanización que la acompañó. Sólo que la conmoción asiática se ha producido a un ritmo enormemente acelerado.

La primera vez que fui a Corea, en la década de 1950, era un país rural en un 80% y prácticamente nadie superaba la educación secundaria porque los japoneses no lo habían permitido.

(Sólo las escuelas de las misiones cristianas podían funcionar porque no podían ser suprimidas por los japoneses, lo cual explica por qué un 30% de coreanos son cristianos.)

No había industria alguna porque los japoneses no permitían que nadie tuviera más que unos pocos empleados.

Hoy, Corea es urbana en casi un 90%, es una potencia industrial y su población tiene un alto nivel de educación. Todo en cuarenta años.

Los trastornos causados por este desarrollo desordenado ocurrido en sólo cuatro décadas han sido explosivos.

Añadámosle la estupidez sin rival de los hombres de negocios coreanos, que no aprendieron nada de sus vecinos japoneses sobre la forma de tratar a los trabajadores. Japón aprendió a las malas, por medio de dos huelgas sangrientas que casi hicieron caer al gobierno en 1948 y 1954, a tratar a los seres humanos como seres humanos. (Nadie parece saber que Japón tiene el peor historial mundial de problemas laborales, que se remontan hasta 1700.)

Cuando los extranjeros visitaban una planta electrónica en Corea, si una de las obreras de la cadena de montaje se atrevía siquiera a levantar la mirada, si lo hacía, la sacaban afuera y la apaleaban por no prestar atención a su trabajo.

Los autócratas de las empresas coreanas no sólo trataban pésimamente a sus obreros, sino que controlaban todo el dinero y el poder de sus compañías. Trataban a sus mandos medios como si fueran maestros negros de Misisipí, allá en los viejos tiempos de la segregación racial.

Además, los autócratas trabajaban codo con codo con los militares para conservar su poder y mantener sometidos a los trabajadores.

Por fin, esto está cambiando con Kim Dae Jung, pero ha dejado un legado de profundo odio entre los empresarios coreanos y sus trabajadores.

En Malaisia, pese a los esfuerzos realizados a lo largo de los años por el gobierno, la tensión entre los malayos, que son un 70% de la población y los chinos, que son un 30%, sigue siendo alta.

El primer ministro Mohamad Mahatir me pidió en una ocasión que le aconsejara sobre cómo hacer para que los malayos no abandonaran la escuela. Así que visité algunos pueblos y descubrí que allí crece de todo: plátanos grandes y pequeños, cocos, manzanas. Y tienen cerdos y gallinas. Nadie tiene que levantar un dedo para comer. Si pueden hacer el suficiente dinero para comprar un televisor y una motocicleta trabajando unas pocas horas al año, ¿qué más podrían desear? ¿Por qué seguir en la escuela después del tercer curso?

Por el contrario, los chinos de Malaisia no sólo se quedan en la escuela después del tercer curso, sino que van a la universidad en Estados Unidos. Hablan inglés tan bien como malayo y conocen tres dialectos chinos.

Así pues, controlan las cosas más de lo que quieren admitir los líderes malaisios. Y como resultado, despiertan resentimientos.

Suele decirse que la etnia china sólo constituye un 3% de los 200 millones de personas de Indonesia, 100 millones de los cuales no viven en Java. Esto sólo es cierto estadísticamente, ya que los chinos constituyen más del 20% de la población de las tres ciudades importantes, incluyendo Yakarta.

En cualquier caso, después de que medio millón de chinos resultaron muertos durante los enfrentamientos entre malaisios y chinos en 1969, supieron que tenían que estar al lado del ejército y de su jefe Suharto. Por ello, los chinos contribuyeron con dinero para el clan Suharto y los militares y la población musulmana está profundamente resentida por ello.

Colectivamente, los «chinos de ultramar» se han convertido en una de las grandes potencias económicas del mundo. Son propietarios de empresas allí donde estén. Con frecuencia, constituyen la clase profesional dondequiera que estén y tienen influencias en el grupo dominante. Con excepción de Singapur, Taiwan y Hong Kong —que son todas Chinas— despiertan resentimiento en todas partes.

La propia China ha tenido una rebelión campesina cada cincuenta años desde 1700. La última, bajo Mao, triunfó en 1959.

Así pues, ya ha llegado la hora de otra revuelta. El problema siempre ha sido el mismo y sigue siéndolo hoy: hay demasiados campesinos desempleados o imposibles de emplear que no tienen ningún lugar adonde ir.

Según algunos cálculos, hoy hay 200 millones de campesinos que constituyen una «población flotante», que deambula de un lado para otro en busca de trabajo. Y no es probable que lo encuentre. Si el gobierno chino habla en serio de cerrar las industrias estatales con malos resultados, otros 80 ó 100 millones de personas quedarán en la calle.

Quizá la historia del fascismo y la guerra en Europa me hace ser demasiado susceptible, pero sé por propia experiencia que cuando las tensiones sociales son altas no se necesita mucho más que una casualidad para hacer estallar la situación.

Por lo tanto, me preocupa Asia.

Japón

La principal potencia asiática es Japón. Pero Japón es, esencialmente un país europeo. Peor aún, es un país europeo tradicional del siglo XIX. Y esa es la razón de que hoy esté dominado por la parálisis.

Al igual que Austria en tiempos de mi padre o Francia en su apogeo, Japón es un país dirigido por los burócratas de la administración pública. Los políticos no tienen importancia y siempre han sido sospechosos. Que sean incompetentes o corruptos, no es ninguna sorpresa. Pero si los funcionarios públicos resultan ser corruptos e incompetentes, es un choque terrible. Japón, hoy, está en estado de choque.

Del mismo modo que en Japón, el funcionario de alto rango de países como Alemania o Francia que supervisa un cierto sector de la economía, suele licenciarse alrededor de los cincuenta y cinco años para convertirse en miembro del consejo de administración de las empresas que regulaba o en director del grupo comercial de ese sector, con un salario muy alto.

Japón sólo está más organizado. El burócrata se mantiene leal a su ministerio hasta el final y defiende su coto contra cualquier intrusión, incluso a costa, en el caso del ministro de finanzas, de hundir la economía. A continuación, el ministerio lo coloca en una «consejería» muy lucrativa dentro de la industria.

La idea de que la industria japonesa es eficaz y competitiva es una absoluta tontería. Sigue teniendo el porcentaje más bajo de su economía expuesto a la competencia internacional; alrededor del 8%, en su mayor parte en los automóviles y la electrónica.

Como consecuencia, Japón tiene muy poca experiencia económica mundial. La mayoría de su industria está protegida y es grotescamente poco productiva.

Si, por ejemplo, Japón abriera su industria papelera a las importaciones, las tres grandes papeleras del país desaparecerían en cuarenta y ocho horas.

Siempre que en la economía japonesa ha habido una apertura en los servicios financieros, los estadounidenses han tomado el mando. El comercio de divisas está completamente en manos extranjeras.

Para ser operador de cambios es necesario ser, por lo menos, bilingüe porque es indispensable hablar inglés. No se habla mucho japonés en Ginebra.

Cuando se autorizó una diminuta apertura en gestión de activos, el 100% del negocio fue absorbido por empresas extranjeras en el espacio de seis meses. Hay pocos gestores de activos bien preparados en Japón.

Cuando miro un banco japonés de hoy, veo el mismo banco que mi padre dirigía en Austria justo después de la Primera Guerra Mundial. Había cuatro personas para hacer lo que podía haber hecho una sola. En 1923, seguían sin creer en las máquinas de escribir y no tenían máquinas de sumar.

Aunque deplorablemente ineficaz y con exceso de personal, el banco era rentable porque a los muchos artesanos del imperio austrohúngaro no les importaba pagar un 5% a una entidad bancaria. No podían conseguir crédito en ningún otro sitio.

Luego el mundo cambió. El imperio quedó desmantelado, los préstamos eran incobrables y los clientes dejaron de pedir dinero prestado. El banco, que ya tenía exceso de personal, tuvo que aceptar a los empleados que les enviaban de vuelta de Praga o Cracovia. Los bancos perdieron sus beneficios y se vieron devorados por los gastos generales.

Eso es lo que sucede hoy en Japón.

Debido a una práctica que se remonta a 1890 y que obliga a las compañías a contratar a sus empleados en una serie de universidades para garantizar la oferta de graduados, las empresas continuaban, incluso hasta hace sólo dos años, contratando personal, aun cuando el negocio estuviera en declive. Temían que las borraran de la lista de empresas que reciben graduados.

Conozco una empresa que contrató doscientas ochenta personas procedentes de seis universidades, aunque estaba en vías de reducir el personal.

Así que los recién contratados se dedican a pasar el día sentados, sin hacer nada. Por la noche, salen y se emborrachan con el jefe. ¿Esto es trabajo?

NG:¿Cómo puede triunfar Japón, si es un Estado europeo del siglo XIX, en el hipercompetitivo siglo XXI?

PD:Pese a todo lo que he dicho, no subestimo a los japoneses. Tienen una habilidad increíble para hacer cambios radicales, brutales, giros de 180º, de la noche a la mañana. Y como la compasión no forma parte de la tradición japonesa, las heridas emocionales de esos cambios son tremendas.

Aunque durante cuatrocientos años ningún país no europeo tuviera nada que se acercara al nivel de comercio internacional que tenía Japón, en 1637 se cerraron al mundo exterior. Y lo hicieron en el espacio de seis meses. Los trastornos fueron increíbles.

En 1867, con la Restauración Meiji, volvieron a abrirse... de un día para otro.

El año 1945 fue, evidentemente, otra historia, ya que habían perdido la guerra.

Cuando el dólar se devaluó hace unos diez años, los japoneses no perdieron ni un momento y trasladaron sus fábricas fuera de Japón, a lugares más baratos de Asia. Formaron asociaciones con los chinos de ultramar y ganaron una ventaja casi imbatible como productores en China continental.

Japón es muy capaz de cambios radicales de postura. Una vez han llegado a una cierta masa crítica de consenso, el cambio es muy rápido.

A mi modo de ver, será necesario un escándalo muy importante para impulsar el cambio. Un hundimiento bancario podría ofrecer el motivo. Hasta ahora, han ido posponiendo abordar su débil sistema financiero, confiando que el problema desaparecería o podrían liquidarlo paso a paso. Pero conforme pasa el tiempo no parece que esto sea posible.

China

En el espacio de los próximos diez años, China se habrá transformado. Si la historia puede servirnos de guía, se segmentará mediante algún tipo de descentralización regional.

Hoy, ya tenemos las llamadas regiones autónomas. En los viejos tiempos, se las llamaba territorios controlados por los señores de la guerra.

Incluso ahora, lo que esas regiones pagan a Pekín es más de boquilla que de impuestos. La única razón de que no rompan abiertamente con el gobierno central es que quieren tener acceso a las enormes subvenciones disponibles para las industrias estatales.

Poner a punto esas industrias absolutamente improductivas, sin provocar una convulsión social, es el mayor obstáculo que China tiene que superar en los tiempos venideros.

La fábrica de bicicletas más grande del mundo está en Xi'an. Pero la calidad de esas bicicletas es tan mala que se rompen sólo con mirarlas. Así que todo el mundo monta en bicicletas de Shanghai, aunque se supone que está prohibido importarlas.

Hay ya cinco millones de bicicletas sin vender en Xi'an. Pero siguen fabricándolas, porque hay 85.000 personas empleadas en la fábrica.

En una ocasión hablé con el director de la famosa Planta n.º 2 de Camiones de Pekín. Me contó que tenía 115.000 personas produciendo 45.000 camiones, pero que si pudiera reducir ese personal a 45.000, podría producir 115.000 camiones.

En esa planta vi herramientas que Ford había enviado a Shanghai en 1926. También había maquinaria rusa increíblemente mala de la década de 1950. Y además, tres almacenes llenos de ordenadores metidos en cajas.

«¿Por qué no usa los ordenadores?», le pregunté al director. Me respondió que llevaba seis años pidiendo presupuesto para traducir los programas al chino, pero que todavía no le habían concedido la autorización.

Es como en Rusia, en 1929-1930, cuando los tractores permanecían inmóviles en los campos porque el ministerio responsable no autorizaba el desembolso del importe de piezas de recambio como, por ejemplo, correas del ventilador.

Hay tres respuestas para China. La primera es la oficial: llegarán a ser eficientes y modernos. Hay unos cuantos ejemplos de esto, como la fábrica de bicicletas de Shanghai, pero no muchos.

La segunda respuesta procede de un viejo proverbio chino: «Para recorrer una línea recta, primero caes de un lado y luego del otro». En la práctica, esto es lo que China ha estado haciendo durante los siete últimos años. Primero, financian sus industrias por medio de subvenciones inflacionarias, hasta que disminuye el peligro de tener demasiado desempleo. Luego recortan el personal de las grandes industrias estatales un poco más, hasta que vuelve a haber demasiado desempleo; entonces inflan de nuevo. Cada vez, pueden acortar un poco la distancia.

La tercera respuesta, que en muchos sentidos es la más realista, es concentrarse en unos pocos terrenos donde puedan establecer suficientes ejemplos de empresas que funcionan bien, a fin de atraer capital extranjero. Este ha sido el enfoque de la región de Shanghai y, en lo esencial, ha funcionado.

NG:En conjunto, ¿cree que la actual crisis en todo Asia tendrá como resultado el fallo del proceso de globalización o llevará a su aceleración debido a la necesidad de capital extranjero?

PD:En medio de una crisis, la continuada liberalización económica es una quimera, y no sólo en Asia. No olvidemos que la liberalización económica significa trastornos inmediatos, en aras de una mejora a largo plazo.

Mire qué pasa en Francia hoy. Durante 110 años, los sindicatos han cultivado la superstición de que reduciendo la semana laboral se crean más puestos de trabajo. No ha funcionado nunca, en ningún lugar donde se haya probado. Sólo va a empeorar el paro y no se crearán más empleos.

La experiencia de la década de 1920 y la Gran Depresión apuntan a una realidad desafortunada; bajo la presión del desempleo, las naciones no se abren. Se cierran.

NG:Si la revolución de la producción a gran escala del siglo XX produjo los trastornos básicos que llevaron a la depresión y la guerra, ¿será el desempleo tecnológico, resultado de la revolución del saber, el trastorno básico del siglo XXI?

PD:No veo ningún indicio de esto. Desde el advenimiento de los ordenadores, hemos temido los efectos que la automatización tendría en el desempleo. Pero no se han materializado.

En Estados Unidos, tierra de Microsoft e Intel, el desempleo está en sus niveles más bajos desde hace décadas. En todo caso, Europa tiene un nivel de desempleo tan alto porque no ha integrado adecuadamente la tecnología de la información en la sociedad y no ha adaptado sus rígidos mercados laborales al modo flexible de la era del saber.

NG:¿Cuál será entonces el «trastorno básico» del siglo XXI, a su modo de ver?

PD:El desafío demográfico. En todos los países desarrollados, el problema no es tanto ése de que tanto habla todo el mundo, el envejecimiento de la población, sino la disminución de la población joven.

Estados Unidos es el único país avanzado donde nacen suficientes niños —2,2 por cada mujer en edad reproductora— para reponer la población. Pero eso es sólo debido al alto número de inmigrantes. Entre los inmigrantes latinos, cuatro niños sigue siendo lo normal.

(1998)

TERCERA PARTE
LA CAMBIANTE ECONOMÍA MUNDIAL

11. El auge de las grandes instituciones

La historia de la sociedad occidental durante el último milenio puede resumirse —sin simplificar en exceso— en una frase: Auge, caída y auge del pluralismo.

En el año 1000, Occidente —es decir, Europa al norte del Mediterráneo y al oeste de la ortodoxia griega— se había convertido en una civilización y una sociedad sorprendentemente nuevas y distintas, a la que mucho más tarde denominarían feudalismo. En su núcleo estaba la primera y casi invencible máquina de guerra: el guerrero revestido de una fuerte armadura y luchando montado en un caballo. Lo que hizo posible la lucha a caballo, y con ella el caballero con armadura, fue el estribo, una invención originada en Asia Central, en algún momento en torno al año 600. En todo el Viejo Mundo se había aceptado el estribo mucho antes del año 1000; todos los que montaban a caballo en cualquier lugar de ese Viejo Mundo lo hacían con estribos.

Pero todas las demás civilizaciones —Islam, India, China, Japón— rechazaron lo que ese artilugio hacía posible; la lucha a caballo. Y la razón de ese rechazo, pese a la tremenda superioridad militar que representaba, era que el caballero con armadura tenía que ser un centro de poder autónomo que escapaba al control del gobierno central. Para mantener a una sola de esas máquinas de guerra —formada por el caballero y sus entre tres y cinco caballos y sus cuidadores, los cinco o más escuderos (caballeros aprendices) exigidos por la alta tasa de bajas de la profesión, la armadura, indescriptiblemente cara, se requería la aportación económica de cien familias campesinas; es decir, de unas quinientas personas, alrededor de cincuenta veces lo necesario para mantener al soldado profesional de a pie mejor equipado, tal como el legionario romano o el samurai japonés.

Control sobre el feudo

El caballero ejercía el pleno control político, económico y social sobre toda la empresa caballeresca, el feudo. Esto, en un corto espacio de tiempo, fue la causa de que todas las demás unidades de la sociedad medieval de Occidente —seculares o religiosas— se convirtieran en centros de poder autónomos, ofreciendo lealtad, de dientes afuera, a una autoridad central como el Papa o un rey, pero ciertamente nada más, por ejemplo impuestos. Estos centros de poder separados incluían a barones y condes, obispos y a los enormemente ricos monasterios, a las ciudades libres y los gremios de artesanos y, unas décadas más tarde, a las primeras universidades y a los incontables monopolios mercantiles.

Para 1066, cuando la victoria de Guillermo el Conquistador llevó el feudalismo a Inglaterra, Occidente era ya totalmente pluralista. Y cada grupo trataba constantemente de conseguir más autonomía y más poder; control social y político de sus miembros y del acceso a los privilegios que esa pertenencia confería; su propio poder judicial, su propia fuerza militar, el derecho a acuñar su propia moneda, etcétera. Para 1200 esos «grupos con intereses especiales» casi se habían hecho con todo el poder. Cada uno de ellos perseguía sólo sus propias metas y se preocupaba únicamente de su propio engrandecimiento, riqueza y poder. A ninguno de ellos le interesaba el bien común y la capacidad de hacer una política que abarcara a toda la sociedad había casi desaparecido.

La reacción empezó en el siglo XIII en la esfera religiosa cuando, débilmente al principio, el papado trató, en dos concilios celebrados en Lyon, Francia, de reafirmar su control sobre los obispados y los monasterios. Finalmente, estableció ese control en el Concilio de Trento, a mediados del siglo XVI, y para entonces el Papa y la Iglesia Católica habían perdido Inglaterra y el norte de Europa en beneficio del protestantismo. En la esfera secular, el contraataque contra el pluralismo empezó cien años más tarde. Hacia el año 1350, el arco largo —un invento galés, perfeccionado por los ingleses— había destruido la superioridad del caballero en el campo de batalla. Unos cuantos años después, el cañón —adaptando para usos militares la pólvora que los chinos habían inventado para los fuegos artificiales— echó abajo el castillo del caballero, antes inexpugnable.

A partir de entonces y durante más de quinientos años, la historia de Occidente es la historia del avance del Estado nacional como soberano; es decir, como el único centro de poder en la sociedad. El proceso fue muy lento; la resistencia de los «grupos con intereses especiales» consolidados era enorme. No fue hasta 1648, por ejemplo —en el Tratado de Westfalia, que puso fin a la Guerra de los Treinta Años en Europa— cuando se abolieron los ejércitos privados y la nación-Estado se hizo con el monopolio para mantener los ejércitos y hacer la guerra. Pero fue un proceso constante. Paso a paso, las instituciones pluralistas perdieron su autonomía. Al final de las Guerras Napoleónicas —o poco tiempo después— el Estado nacional soberano había triunfado en toda Europa. Incluso los miembros del clero eran funcionarios, controlados por el Estado, pagados por el Estado y sometidos al soberano, fuera éste el rey o el parlamento.

La única excepción era Estados Unidos. Aquí sobrevivía el pluralismo y la principal razón era su casi exclusiva diversidad religiosa. Pero incluso en Estados Unidos el pluralismo cimentado en la religión quedó despojado de poder por la separación de la iglesia y el Estado. No es casualidad que en agudo contraste con la Europa continental, ningún partido o movimiento con base confesional nunca haya atraído más que un apoyo marginal en Estados Unidos.

Hacia mediados del siglo pasado, los teóricos sociales y políticos, entre ellos Hegel y los filósofos políticos liberales de Inglaterra y Estados Unidos, proclamaban orgullosamente que el pluralismo estaba muerto sin remedio. Y en ese mismo momento, volvió a la vida. La primera organización que iba a contar con una autonomía y un poder importantes fue la nueva empresa de negocios cuando surgió, casi sin precedentes, entre 1860 y 1870. Fue seguida, rápidamente, por una horda de diversas instituciones nuevas, decenas de ellas, cada una de las cuales necesitaba una autonomía considerable y ejercía un considerable control social: los sindicatos, la administración pública, con sus cargos vitalicios, el hospital, la universidad. Cada una de ellas, al igual que las instituciones pluralistas de ochocientos años antes, es un «grupo con un interés especial». Cada una necesita y lucha por su autonomía.

Ninguna de ellas se ocupa del bien común. Consideremos lo que John L.Lewis, el poderoso líder obrero, dijo cuando Franklin D.Roosevelt le pidió que desconvocara una huelga de mineros que amenazaba con paralizar la campaña bélica: «Al presidente de Estados Unidos se le paga para cuidar del interés de la nación; a mí me pagan para cuidar de los intereses de los mineros del carbón». Es sólo una versión especialmente franca de lo que creen los líderes de todos y cada uno de los «grupos con intereses especiales» de hoy, y por lo que les pagan quienes los constituyen. Como sucedía hace ochocientos años, este nuevo pluralismo amenaza con destruir la capacidad de hacer política —y con ella la cohesión social en su conjunto— en todos los países desarrollados.

Pero hay una diferencia esencial entre el pluralismo social actual y el de ochocientos años atrás. Entonces, las instituciones pluralistas —los caballeros con armadura, las ciudades libres, los gremios mercantiles o los arzobispados «exentos»— se basaban en la propiedad y el poder. Las organizaciones autónomas de hoy —la empresa de negocios, el sindicato, la universidad, el hospital— se basan en la función. Derivan su capacidad para actuar directamente de su fuerte concentración en su única función. El único intento importante para devolver el monopolio del poder al Estado soberano, la Rusia de Stalin, se hundió principalmente porque ninguna de sus instituciones, privadas como estaban de la necesaria autonomía, funcionaban; ni siquiera, parece, las fuerzas armadas, por no hablar de las empresas y los hospitales.

La necesaria autonomía

Sólo ayer se suponía que la encargada de llevar a cabo la mayoría de las tareas que las organizaciones de hoy realizan era la familia. La familia educaba a sus miembros, cuidaba de los ancianos y los enfermos, encontraba trabajo para los miembros que lo necesitaban. Y ninguna de estas tareas rendía resultados, como muestra incluso la más rápida ojeada a las cartas o la historia de las familias del siglo XIX. Estas tareas sólo las puede realizar una institución auténticamente autónoma, independiente tanto de la comunidad como del Estado.

El reto del próximo milenio, mejor dicho, del próximo siglo (no disponemos de mil años), es preservar la autonomía de nuestras instituciones —y en algunos casos, como en las empresas transnacionales, la autonomía respecto a las soberanías nacionales y más allá de ellas— y, al mismo tiempo, restaurar la unidad del sistema de gobierno que casi hemos perdido; por lo menos, en tiempos de paz. Sólo cabe esperar que podamos hacerlo, aunque hasta ahora nadie sabe cómo. Sí que sabemos que lograrlo exigirá algo que cuenta aún con menos precedentes que el pluralismo actual: la voluntad y la capacidad por parte de cada una de las instituciones de hoy de mantener su concentración en esa función limitada y específica que les da la capacidad de rendir resultados, pero también la voluntad y la capacidad de trabajar juntas y unidas a la autoridad política, en aras del bien común.

Este es el enorme reto que el segundo milenio lega al tercero en los países desarrollados.

(2000)

12. La economía global y el Estado-nación

Un auténtico superviviente

Mucho antes de que, hace unos treinta y cinco años, se empezara a hablar de la globalización de la economía mundial, se había pronosticado, de forma generalizada, el fallecimiento del Estado-nación. En realidad, las mentes más lúcidas llevan doscientos años prediciendo ese fallecimiento; desde Immanuel Kant, en *Perpetual Peace,* un ensayo de 1795, hasta Bertrand Russell, en sus discursos de las décadas de 1950 y 1960, pasando por Karl Marx en *Withering away of the State*. La última predicción de este tipo, hecha por personas eminentes y serias, aparece en un libro titulado *The Sovereign Individual*, escrito por lord William Rees-Mogg, anterior redactor jefe del *Times* de Londres y ahora vicepresidente de la BBC, y por James Dale Davidson, presidente de la británica *National Tax Payers' Union* (Unión Nacional de Contribuyentes). Rees-Mogg y Davidson afirman que, salvo para las rentas más bajas, Internet hará que eludir los impuestos sea tan fácil y tan exento de riesgo que la soberanía se desplazará de forma inevitable al individuo, dejando que el Estado-nación muera de inanición fiscal.

Pese a todas sus carencias, el Estado-nación ha demostrado tener una resistencia sorprendente. Aunque Checoslovaquia y Yugoslavia han caído víctimas de un orden cambiante, Turquía, una nación que nunca existió como tal anteriormente, se ha convertido en una nación-Estado que funciona. India, raras veces unida salvo bajo un conquistador extranjero, se mantiene como nación-Estado. Y todos los países que surgieron de los imperios coloniales del siglo XIX se han afianzado como naciones-E, igual que todos los nacidos del desmembramiento del imperio eurasiático forjado por los zares y atado, incluso con mayor fuerza, por sus sucesores comunistas. Por lo menos hasta ahora, no hay ninguna otra institución capaz de integrarse políticamente y de pertenecer de forma efectiva a la comunidad política mundial. Por lo tanto, con toda probabilidad, el Estado-nación sobrevivirá a la globalización de la economía y a la Revolución de la Información que la acompaña. Pero será un Estado-nación enormemente cambiado, especialmente en la política monetaria y fiscal, en la política económica extranjera, en el control de los negocios internacionales y, quizás, en su manera de conducir la guerra.

El Estado-nación a flote

El control del dinero, del crédito y de la política fiscal fue uno de los pilares sobre los que Jean Bodin, el brillante abogado francés que acuñó el término *soberanía*, asentó el Estado-nación en su obra *Los seis libros de la República*, publicada en 1576. Nunca ha sido un pilar robusto. Hacia finales del siglo XIX, la moneda dominante ya no eran las monedas acuñadas por el Estado ni los billetes impresos por el Estado, sino el crédito creado por unos bancos comerciales, de propiedad privada y rápido crecimiento. El Estado-nación contraatacó con el banco central. En 1912, cuando Estados Unidos fundó la Reserva Federal, todos los Estados-nación contaban con su propio banco central para controlar a los bancos comerciales y a sus créditos. Pero a lo largo del siglo XIX, un Estado-nación tras otro se fueron situando (o los fueron situando) bajo el control del patrón oro no nacional, que imponía unos estrictos límites a la política fiscal y monetaria de cada país. Y el patrón de cambio oro, fijado en los acuerdos de Bretton Woods, después de la Segunda Guerra Mundial, aunque bastante más flexible que el patrón anterior a la Primera Guerra Mundial, seguía sin dar a cada país la plena soberanía monetaria y fiscal. Sólo en 1973, cuando el presidente Nixon hizo flotar el dólar estadounidense, alcanzó el Estado-nación —o así se afirmó— la plena autonomía en los asuntos fiscales y monetarios. Seguro que los gobiernos y sus economistas habían aprendido lo suficiente como para emplear esa soberanía de forma responsable.

No son muchos los economistas —por lo menos, en el mundo de habla inglesa— que quieran volver a unos tipos de cambio fijos ni a nada que se parezca al viejo sistema. Pero incluso son menos los que afirmarían que los Estados-nación han demostrado actuar con habilidad o responsabilidad al poner en práctica su nueva libertad fiscal y monetaria. Se prometió que al hacer flotar las monedas, se contribuiría a su estabilidad y el mercado controlaría los tipos de intercambio por medio de pequeños y constantes ajustes. Pero ha sucedido lo contrario, no ha habido ningún periodo, en tiempos de paz, salvo los primeros años de la Gran Depresión, en el cual las monedas hayan fluctuado de forma tan amplia y brusca como desde 1973. Libres de las limitaciones externas, los gobiernos se han lanzado a una orgía de despilfarro.

El Bundesbank de Alemania está prácticamente libre del control político y se dedica a la rectitud fiscal. Sabía que la enormidad de gasto que los políticos proponían durante la reunificación del país era una locura económica y lo dijo alto y claro. Sin embargo, los políticos siguieron adelante, ganando popularidad a corto plazo, mientras arriesgaban los costes económicos a largo plazo. El Bundesbank predijo todo lo que ha pasado, hasta las tasas de desempleo en las dos antiguas particiones de Alemania, tanto en la Oriental como en la Occidental, nunca vistas desde los días finales de la República de Weimar. Lo mismo sucede con los políticos de todas partes; no representa apenas diferencia alguna qué partido esté en el poder y cuánto prometa reducir o controlar.

Dinero virtual

Mientras que la esperanza de que los gobiernos practiquen la autodisciplina es pura fantasía, la economía global impone restricciones nuevas y más severas al gobierno, obligándolo a volver a la responsabilidad fiscal. Los tipos flotantes de cambio han creado una extrema inestabilidad monetaria, que a su vez ha creado una enorme masa de «dinero mundial». Este dinero no existe fuera de la economía global y de sus principales mercados monetarios. No lo crea ninguna actividad económica, como la inversión, la producción, el consumo o el comercio. Nace principalmente del comercio de divisas. No encaja en ninguna de las definiciones tradicionales del dinero, sea el patrón de medición, la acumulación de valor o el medio de intercambio. Es completamente anónimo. Más que dinero real es dinero virtual.

Pero su poder es real. El volumen del dinero mundial es tan gigantesco que sus movimientos, al entrar y salir de una moneda, tienen un impacto mucho mayor que los movimientos del comercio o la inversión. En un solo día, puede negociarse una suma de este dinero igual a la que el mundo entero necesita para financiar el comercio y la inversión durante un año. Este dinero virtual tiene una movilidad total porque no sirve a ninguna función económica. Miles de millones pueden ser pasados de una moneda a otra con sólo apretar unas cuantas teclas de un ordenador. Y como no sirve a ninguna función económica ni financia nada, tampoco sigue la lógica o la racionalidad económicas. Es volátil y presa fácil del pánico cuando surge un rumor o un acontecimiento inesperado.

Un ejemplo es la fuerte presión a que se vio sometido el dólar en la primavera de 1995, que obligó al presidente Clinton a abandonar sus anteriores planes de gasto y defender un presupuesto equilibrado. Esa presión fue provocada por el fracaso de la mayoría republicana en el senado, al no conseguir aprobar una enmienda constitucional exigiendo un presupuesto equilibrado. Incluso si se hubiera aprobado, no habría tenido sentido. La enmienda estaba plagada de agujeros y tenían que ratificarla treinta y ocho estados para que se convirtiera en ley, lo cual, en el mejor de los casos, habría requerido muchos años. Pero a los operadores mundiales de divisas les entró el pánico y se apresuraron a vender dólares. Subvalorado ya en un 10% respecto al yen japonés, la presión hizo que el dólar descendiera otro 25% en dos semanas, pasando de 106 yens a menos de 80 por dólar. Y lo más importante, llevó al borde del colapso al mercado de valores de Estados Unidos, ese mercado del que el país depende para financiar su déficit. Los bancos centrales de Estados Unidos, Inglaterra, Alemania, Japón, Suiza y Francia iniciaron una acción concertada para apoyar al dólar. Fracasaron, perdiendo miles de millones en el intento. El dólar necesitó casi un año entero para recuperar de nuevo su tipo de cambio anterior (todavía subvalorado).

Una presión similar, provocada por el pánico, ejercida sobre el franco francés en 1981, obligó al presidente Mitterrand a abandonar las promesas que le habían hecho ganar las elecciones tres meses antes. Ha habido presiones del mismo tipo sobre la corona sueca, la libra británica, la lira italiana y el peso mexicano. El dinero virtual ganó en todas las ocasiones, demostrando que la economía global es el árbitro final de la política fiscal y monetaria.

No obstante, las ventas apresuradas de moneda no son la cura apropiada para la irresponsabilidad fiscal. En el caso de México, el remedio fue peor que la enfermedad. La presión sobre el peso en 1995, borró de un plumazo seis años de ganancias económicas, duramente conseguidas, que habían transformado al país de un caso perdido en una economía emergente. Pero hasta ahora no existe ningún otro control sobre la irresponsabilidad fiscal. Lo único que funciona es una política monetaria y fiscal que libere a un país de su dependencia de los préstamos de dinero mundial volátil y a corto plazo para cubrir su déficit. Es probable que esto exija un presupuesto equilibrado, o muy cerca de estarlo, para un periodo de entre tres y cinco años. Y esto establece unas restricciones muy severas sobre la autonomía monetaria y fiscal de cualquier Estado-nación, restricciones de las que se suponía que la flotación de los tipos de cambio de 1973 iba a liberarlo para siempre.

El proceso de restaurar esas restricciones no nacionales y supranacionales está en marcha. La moneda del Banco Europeo para toda la Comunidad Económica Europea, prevista para finales del siglo, transferiría el control del dinero y el crédito de cada uno de los estados miembros a un organismo transnacional independiente. Otro planteamiento, al parecer favorecido por la Junta de la Reserva Federal de Estados Unidos, daría a un consorcio de bancos centrales una autoridad similar, manteniendo así el boato de la soberanía fiscal nacional, mientras elimina buena parte de su realidad. No obstante, lo único que lograrían ambos planteamientos sería institucionalizar lo que ya es una realidad económica; las decisiones económicas básicas se toman dentro de y por la economía global, en lugar del Estado-nación.

La soberanía financiera y monetaria entregada, hace veinticinco años, al Estado-nación, al flotar los tipos de cambio no ha sido buena para el gobierno. Le ha privado en gran medida de su capacidad para decir no. Ha trasladado el poder de tomar decisiones desde el gobierno a los grupos con intereses especiales. Es, en buena parte, culpable de precipitar la caída de la confianza y el respeto hacia el gobierno, una tendencia manifiesta y preocupante en casi todos los países. Es paradójico que perder la soberanía monetaria y fiscal pueda reforzar en lugar de debilitar al Estado-nación.

Romper las reglas

Mucho más sutil, aunque quizás incluso más importante, es el efecto que el auge de la economía global tiene en los supuestos y teorías básicos sobre los que la mayoría de gobiernos, especialmente en Occidente, basan su política económica internacional. Hay innumerables indicios de que algo está pasando en la economía mundial que rompe las reglas que han estado en vigor durante décadas.

¿Por qué cayó el dólar respecto al yen en más de un 50% cuando, en 1983, el presidente Reagan y el gobierno japonés acordaron abandonar el anterior tipo fijado en 250 yenes por dólar? Aunque el dólar estaba realmente sobrevalorado, su paridad en poder de compra estaba alrededor de los 230 yenes. Nadie esperaba que cayera por debajo de los 200 yenes. Sin embargo, el dólar entró en caída libre y no descansó hasta haber perdido casi un 60% de su valor respecto al yen; es decir, hasta que llegó a los 110 yenes, dos años más tarde (para volver a caer, diez años después, hasta los 80 yenes). ¿Por qué? Hasta hoy, no ha habido ninguna explicación. Y lo que es más misterioso es que el dólar sólo exhibió una caída así respecto al yen. En realidad, su valor aumentó respecto a otras monedas clave. De nuevo, nadie había previsto esto y nadie puede explicarlo.

Reagan y sus asesores económicos querían un dólar más barato para eliminar el creciente déficit comercial con Japón. Según todas las teorías y doscientos años de experiencia, un dólar más bajo significaría más exportaciones de Estados Unidos a Japón y menos importaciones. Los exportadores japoneses, especialmente los fabricantes de automóviles y aparatos electrónicos de consumo, se pusieron histéricos y anunciaron que había llegado el fin del mundo. Ciertamente, las exportaciones estadounidenses a Japón subieron fuertemente, aunque aumentaron todavía más a algunos países contra cuyas monedas el dólar se había apreciado. Pero las exportaciones japonesas a Estados Unidos, pese a la depreciación del dólar, subieron incluso más rápidamente que sus importaciones de forma que, en realidad, el déficit comercial de Estados Unidos con Japón aumentó en lugar de disminuir. En los últimos quince años, cada vez que el dólar ha bajado respecto al yen, el gobierno estadounidense ha predicho que el superávit comercial de Japón se reduciría. Cada vez, los japoneses han puesto el grito en el cielo, diciendo que estaban arruinados. Y cada vez, el superávit de las exportaciones japonesas ha aumentado de forma casi inmediata.

Una explicación popular es que los fabricantes japoneses son genios. Pero aunque los principales exportadores son muy despiertos, nadie puede superar una caída de ingresos del 50% en un abrir y cerrar de ojos. La auténtica explicación es que Japón se benefició de un dólar más bajo tanto como se vio penalizado por él. Japón es el mayor importador de alimentos y materias primas del mundo, y todos ellos se cotizan en dólares. Gasta aproximadamente lo mismo en dólares importando estos productos como gana exportando artículos manufacturados. Puede que una compañía industrial como Toyota pierda porque los dólares que consigue por los coches que exporta a Estados Unidos recogen sólo la mitad de yenes que antes, pero para la economía japonesa en su conjunto, la caída de valor del dólar respecto al yen fue algo ficticio.

Pero esto plantea otro enigma incluso más misterioso. ¿Cómo se explica que los japoneses no tuvieran que pagar más por los productos que importaban? Según todas las teorías y la experiencia anteriores, los precios de los bienes de consumo tendrían que haber subido en la misma medida que bajaba el dólar. Los japoneses habrían tenido que pagar lo mismo que antes de la devaluación del dólar. Si eso hubiera sucedido, como siempre había pasado antes, no habría ningún superávit japonés en el comercio con Estados Unidos. Pero los precios de los bienes de consumo son hoy más bajos que en 1983, y tampoco para esto hay explicación alguna.

Sólo una de las piezas del rompecabezas tiene sentido, pero resulta incluso menos compatible con la teoría tradicional del comercio internacional. El Departamento de Comercio de Estados Unidos calcula que un 40% o más de los productos exportados por cualquier país desarrollado van a filiales o afiliadas de empresas nacionales. Oficial y legalmente son exportaciones; económicamente, son transferencias entre empresas. Son máquinas, suministros y productos medio elaborados que son parte integrante de la producción de la planta o de la empresa afiliada en el extranjero y cuya importación no puede interrumpirse, cualquiera que sea el tipo de cambio. Cambiar esta relación llevaría años y costaría más que lo que se podría ahorrar en divisas. Un cuarenta por ciento de lo que se adscribe a comercio de mercancías es sólo «comercio» como ficción legal. Y esa proporción crece de forma constante.

La teoría del comercio internacional da por sentado que las inversiones siguen al comercio. La mayoría de personas piensan en «comercio internacional de mercancías» cuando oyen hablar de *comercio internacional*. Pero hoy, cada vez más, el comercio sigue a la inversión. Los movimientos internacionales de capital, y no los movimientos internacionales de mercancías, se han convertido en el motor de la economía mundial. Y aunque es verdad que el comercio de mercancías ha crecido más rápidamente desde la Segunda Guerra Mundial que en cualquier otro periodo de la historia, el comercio de servicios ha estado creciendo incluso a mayor velocidad, tanto si se trata de servicios financieros como de consultoría de gestión, contabilidad, seguros o venta al menor. Hace veinte años, las exportaciones de servicios eran tan escasas que casi nunca constaban en las estadísticas comerciales. Hoy representan una cuarta parte de las exportaciones de Estados Unidos y son las únicas que producen superávit de exportación considerables. Y obedecen a pocas, si es que a alguna, de las reglas del comercio internacional tradicional. Sólo el turismo, por ejemplo, es muy sensible a los tipos de cambio de las monedas y a sus fluctuaciones.

Voluntariamente, me he limitado a los intríngulis económicos de Estados Unidos, pero pueden encontrarse ejemplos similares en la economía de cualquier país desarrollado y de la mayoría de países en vías de desarrollo. Los centros de la economía mundial se han desplazado, alejándose de los países desarrollados. Hace sólo quince años se creía que el crecimiento de los países en vías de desarrollo dependía de la prosperidad de las naciones desarrolladas. En las dos últimas décadas, a éstas no les ha ido especialmente bien, pero el comercio y la producción mundiales han vivido un auge nunca visto anteriormente y el grueso de ese crecimiento se ha producido en los países en vías de desarrollo. La explicación es, en gran parte, que el saber ha sustituido, como principal recurso económico, al «tierra, trabajo y capital» de los economistas. El saber, principalmente en forma de filosofías y métodos de formación desarrollados en Estados Unidos durante la Segunda Guerra Mundial, ha destruido el axioma de que unos salarios bajos equivalen a una baja productividad. La formación permite ahora que la fuerza laboral de un país alcance una productividad de nivel mundial mientras sigue ganando un salario de país en vías de desarrollo durante ocho o diez años por lo menos.

Estas nuevas realidades exigen diferentes teorías económicas y diferentes políticas económicas internacionales. Aunque un tipo de cambio más bajo mejore las exportaciones de un país, también debilita la capacidad de ese país para invertir en el extranjero. Y si el comercio sigue a la inversión, unos tipos de cambio más bajos para la moneda de un país hacen disminuir sus exportaciones al cabo de unos pocos años. Esto es lo que sucedió en Estados Unidos. El dólar más barato aumentó sus exportaciones de productos manufacturados a corto plazo, pero también dañó la capacidad de su industria para invertir en el exterior y crear así mercados para la exportación a largo plazo. Como resultado, los japoneses van ahora muy por delante de los estadounidenses en cuota y liderazgo de mercado en los países emergentes del este y sudeste de Asia.

La necesidad de nuevas teorías y políticas explica el súbito interés en lo que James Fallows, redactor jefe de *U.S. News and World Report*, y otros promueven como «medidas para el desarrollo nacional» del economista alemán del siglo XIX, Friedrich R.List. En realidad, las medidas que List predicó en la Alemania de la década de 1830 —protección de las industrias nacientes para desarrollar los negocios internos— ni eran de List ni eran alemanas. Son estrictamente estadounidenses y se derivan del *Report on Manufactures*, de 1791, de Alexander Hamilton, ampliadas, veinticinco años más tarde, por Henry Clay para formar lo que denominó Sistema Americano. List, que estaba en Estados Unidos como refugiado político alemán, las aprendió mientras trabajaba como secretario de Clay.

Lo que hace que estas viejas ideas sean atractivas es que Hamilton, Clay y List no se concentraban en el comercio. Ni defendían el libre comercio ni eran proteccionistas. Se centraban en la inversión. Las economías asiáticas, empezando por Japón después de la Segunda Guerra Mundial, han seguido políticas similares a las que Hamilton y Clay defendían para los recién nacidos Estados Unidos. Las medidas económicas internacionales que probablemente surgirán durante la próxima generación no defenderán el libre comercio ni el proteccionismo, sino que se centrarán en la inversión en lugar de en el comercio.

Vender al mundo

En la economía global, las empresas se ven obligadas, cada vez más, a pasar de multinacionales a transnacionales. La multinacional tradicional es una empresa nacional con filiales en otros países. Esas filiales son clones de la empresa madre. Una subsidiaria alemana de una compañía industrial estadounidense, por ejemplo, es un negocio independiente que fabrica casi todo lo que vende dentro de la propia Alemania, se abastece allí y emplea casi exclusivamente personal alemán.

La mayoría de compañías que hoy hacen negocios internacionales siguen organizadas como multinacionales tradicionales. Pero la transformación en compañías transnacionales ya ha empezado y avanza rápidamente. Puede que los productos y servicios sean los mismos, pero la estructura es fundamentalmente diferente. En una compañía transnacional sólo hay una única unidad económica: el mundo. La venta, los servicios, las relaciones públicas y los asuntos legales son locales, pero las piezas, máquinas, planificación, investigación, finanzas, marketing, fijación de precios y gestión se llevan a cabo pensando en el mercado mundial. Una de las principales empresas de ingeniería de Estados Unidos, por ejemplo, fabrica, en una única instalación a las afueras de Antwerp, Bélgica, una pieza crítica para las cuarenta y tres plantas que tiene en todo el mundo, y en esa instalación no fabrica nada más. Ha organizado el desarrollo de productos para el mundo entero en tres lugares y el control de calidad en cuatro. Para esta compañía las fronteras nacionales carecen, mayormente, de importancia.

La empresa transnacional no está totalmente fuera del control de los gobiernos nacionales. Debe adaptarse a ellos, pero estas adaptaciones son excepciones a la política y las prácticas decididas para los mercados y tecnologías de todo el mundo. Las empresas transnacionales de éxito se ven a sí mismas como entidades independientes, no nacionales. Esta manera de percibirse se evidencia en algo impensable hasta hace unas pocas décadas: una alta dirección transnacional. Por ejemplo, la empresa de consultoría de gestión más famosa del mundo, McKinsey & Co., aunque tiene su sede en Nueva York, está encabezada por un indio. Y durante muchos años, el número dos de Citibank, el único gran banco comercial que es transnacional, era chino.

El gobierno de Estados Unidos está tratando de contrarrestar esta tendencia ampliando la legislación y los conceptos legales más allá de sus costas. Lo está haciendo respecto a las leyes antimonopolio, un concepto casi exclusivamente estadounidense. También está tratando de refrenar a las empresas transnacionales por medio de leyes estadounidenses que cubren daños legales, responsabilidad del producto y corrupción. Y Estados Unidos se pone en pie de guerra contra las compañías transnacionales por medio de las sanciones económicas contra Cuba e Irak.

Aunque Estados Unidos sea todavía la primera potencia económica —y probablemente lo siga siendo durante muchos años— su intento de amoldar la economía mundial a sus conceptos morales, legales y económicos es en vano. En una economía global donde los principales actores pueden aparecer de la noche a la mañana, no puede haber ningún poder económico dominante.

No obstante, sin duda es necesario que haya unas normas morales, legales y económicas aceptadas y cumplidas en toda la economía global. Por lo tanto, es un reto fundamental elaborar una ley internacional y unas organizaciones supranacionales que pueden hacer y obligar a cumplir unas normas para la economía global.

La guerra después de la economía global

Aunque incompatibles, la economía global y la guerra total son, ambas, hijas de este siglo. El objetivo estratégico de los conflictos bélicos tradicionales era, por decirlo con la famosa frase de Clausewitz, «destruir las fuerzas combatientes del enemigo». La guerra se dirimía contra los soldados enemigos. No se suponía que se librara contra los civiles enemigos y sus propiedades. Por supuesto, siempre había excepciones. La marcha de Sherman a través de Georgia, al final de la Guerra Civil estadounidense tenía como objetivo a los civiles y sus propiedades más que al ejército confederado que estaba hecho trizas. Pero que fue una excepción —y hecha con la intención de que lo fuera— es una de las razones de que se siga recordando tan vívidamente. Pocos años después, en la Guerra franco-prusiana de 1870-71, Bismarck tuvo buen cuidado de dejar intacto el sistema financiero francés.

Pero durante la primera guerra de este siglo, la guerra de los Bóers, las reglas cambiaron. La meta de la guerra se redefinió como destruir el potencial del enemigo para combatir, lo cual significaba destruir su economía. Además, por vez primera en la moderna historia occidental, la guerra se libró contra la población civil enemiga. Para romper el espíritu de los soldados bóers en el combate, los británicos encerraron a sus mujeres e hijos en los primeros campos de concentración de la historia.

Antes de este siglo, Occidente observaba en general otra regla: no había que importunar a los civiles enemigos que residieran en el país mientras no participaran en la actividad política. Pero en la Primera Guerra Mundial, Gran Bretaña y Francia internaron a todos los forasteros enemigos, aunque Estados Unidos, Alemania y Austria se abstuvieron de hacerlo. Hasta 1900, no se tocaron los negocios ni los bienes propiedad de ciudadanos extranjeros o de empresas domiciliadas en países enemigos. A partir de la Primera Guerra Mundial —y de nuevo, fueron los británicos quienes primero lo hicieron— esas propiedades fueron confiscadas y puestas bajo la custodia del gobierno durante la contienda.

A estas alturas, las reglas de la guerra total están tan firmemente establecidas que la mayoría las toman como si fueran leyes de la naturaleza. Con los misiles, los satélites y las armas nucleares no es posible volver a creer, como en el siglo XIX, que la primera tarea militar es mantener la guerra lejos de los civiles del país. En la guerra moderna, no hay civiles.

Pero aunque destruir la economía del enemigo ayuda a ganar la guerra, elimina la posibilidad de que el vencedor gane la paz. Esta fue una de las lecciones más significativas de los dos periodos de posguerra de este siglo, los veinte años posteriores a 1918 y los cincuenta posteriores a 1945. La política sin precedentes de Estados Unidos después de la Segunda Guerra Mundial, incluyendo el Plan Marshall, acarreó la rápida recuperación de la economía de los antes enemigos y, con ella, cincuenta años de expansión económica y prosperidad sin precedentes también para los vencedores. Estas políticas nacieron porque George Marshall, Harry Truman, Dean Acheson y Douglas MacArthur recordaban las catastróficas consecuencias de la paz punitiva de la Primera Guerra Mundial. Si «la guerra es la continuación de la política por otros medios», para citar otra máxima de Clausewitz, entonces la guerra total tendrá que ajustarse a las realidades de la economía global.

Dado que las empresas van pasando de multinacionales a transnacionales, en realidad, las doctrinas de la guerra total pueden ir, en estos tiempos, en detrimento de las campañas bélicas de un país. Por ejemplo, el fabricante de armamentos mayor de Italia durante la Primera Guerra Mundial era una empresa de automóviles llamada Fiat. El fabricante de armamentos mayor del Imperio Austro-Húngaro era la filial austríaca de Fiat, totalmente de su propiedad. Se había fundado uno o dos años después que la empresa madre en Italia, pero para 1914 era bastante mayor y más avanzada que ella, debido al mayor tamaño del mercado austro-húngaro. Convertir esta filial de propiedad italiana en el centro de la producción armamentista austríaca no exigía, literalmente, más que abrir una nueva cuenta bancaria.

Hoy una filial así montaría y vendería coches, pero quizá sólo fabricaría los frenos. Esos frenos serían usados por las plantas de la compañía en todo el mundo y recibiría las otras piezas y suministros que necesitara de otras subsidiarias situadas en otros lugares del mundo. Esta integración transnacional podría reducir los costes del automóvil acabado hasta en un 50%. Pero también hace que una filial sea prácticamente incapaz de producir nada, si queda aislada del resto de la compañía. En muchos países desarrollados, las empresas integradas transnacionalmente representan ahora entre un tercio y la mitad de la producción industrial.

No pretendo conocer la respuesta a la creciente contradicción entre la economía de guerra y la economía de paz. Pero hay precedentes. El logro político más innovador del siglo XIX fue la Cruz Roja Internacional. Propuesta primero, en 1862, por un ciudadano suizo, Jean Henri Dunant, se convirtió en el primer organismo transnacional en el espacio de diez años y sigue siendo el de mayor éxito en el mundo. Lo que hizo al fijar reglas universales para tratar a los prisioneros de guerra heridos quizá tenga que hacerse ahora respecto al tratamiento de los civiles y sus propiedades. Eso también exigirá, con toda probabilidad, un organismo transnacional y, como en el caso de la Cruz Roja, un importante recorte de la soberanía nacional.

Desde los principios de la Revolución Industrial, se ha argumentado que la interdependencia económica demostraría ser más fuerte que las pasiones nacionalistas. Kant fue el primero en decirlo. Los «moderados» de 1860 lo creían hasta que se dispararon los primeros tiros en Fuerte Sumter. Los liberales del Imperio Austro-Húngaro creyeron, hasta el final, que su economía estaba demasiado integrada como para dividirla en países separados. Está claro que lo mismo opinaba Mikhail Gorbachov. Pero durante los últimos doscientos años, siempre que las pasiones políticas y la política de los Estados-nación han chocado con la racionalidad económica, las pasiones políticas y el Estado-nación han ganado.

(1997)

13. Es la sociedad, idiota

El punto de vista de un hereje

La política estadounidense para Japón, especialmente durante la crisis económica asiática, se basa en cinco supuestos que se han convertido en artículos de fe para la mayoría de los responsables políticos de este país, para los expertos en Japón e incluso para un buen número de ejecutivos de empresa. Pero los cinco están equivocados o, en el mejor de los casos, son muy dudosos.

1. Se da por sentado que el dominio de la burocracia gubernamental es exclusivo de Japón, igual que su casi monopolio sobre la formulación política y su control de los negocios y la economía por medio de la «orientación administrativa».
2. Reducir el papel de la burocracia a lo que debería ser —«el experto está a mano, pero no encima»— no sería tan difícil. Lo único que se necesita es voluntad política.
3. Una élite dirigente como la burocracia japonesa es, a la vez, innecesaria en una sociedad desarrollada moderna e indeseable en una democracia.
4. La resistencia de la burocracia japonesa a la «desregulación», especialmente ahora en el sector financiero, no es más que un egoísta apego al poder, que causará graves daños. Al retrasar lo inevitable, sólo puede empeorar las cosas.
5. Finalmente, los japoneses —después de todo, son inteligentes— ponen la economía por delante de todo, como nosotros.

Sin embargo, los supuestos correctos sobre Japón son:

1. Las burocracias dominan casi todos los países desarrollados. Estados Unidos y unos cuantos países de habla inglesa menos populosos como Australia, Nueva Zelanda y Canadá son las excepciones y no la regla. Es más, la burocracia japonesa es mucho menos aplastante que la de algunos países desarrollados, en particular Francia.
2. Las élites burocráticas tienen una resistencia mucho mayor de la que estamos dispuestos a admitir. Se las arreglan para conservar el poder durante décadas, pese a los escándalos y a una incompetencia demostrada.
3. Esto es así porque los países desarrollados —con la única excepción de Estados Unidos— están convencidos de que necesitan una élite dirigente, sin la cual temen que se produciría la desintegración social. Así pues, se aferran a la vieja élite, a menos que haya una sustitución universalmente aceptada y en Japón no hay una sustitución de ese tipo a la vista.
4. La experiencia ha demostrado a los japoneses que demorar las cosas funciona. En dos ocasiones, durante los últimos cuarenta años, Japón ha superado problemas sociales importantes y aparentemente insolubles no «solucionándolos», sino demorándolos hasta que, al final, se evaporaban. Es probable que esta estrategia de dejar las cosas para otro día fracase esta vez, considerando las tambaleantes estructura y solvencia del sistema financiero japonés. No obstante, dadas las experiencias anteriores, ese demorar las cosas no es una estrategia ilógica.
5. De hecho, es la estrategia lógica dado que, para quienes dictan las normas en Japón —sean políticos, administradores públicos o ejecutivos de empresa—, lo primero es la sociedad, no la economía.

El descenso de los cielos

En Estados Unidos se piensa que *descender de los cielos* —el término con que los japoneses designan la práctica por la cual los altos cargos de la administración pública, al llegar a su puesto final en el gobierno, entre los cuarenta y cinco y los cincuenta y cinco años, se convierten en «consejeros» de las grandes empresas— es algo exclusivamente japonés. Ese paso es considerado la manifestación más visible del dominio, poder y privilegio de la burocracia japonesa. Pero, en realidad, es una costumbre universal en todos los países desarrollados, incluido Estados Unidos.

Para usar un ejemplo personal, mi padre era el jefe del servicio civil del Ministerio de Comercio austríaco justo después de la Primera Guerra Mundial. Al retirarse en 1923, cuando aún no tenía cincuenta años, fue nombrado rápidamente presidente de un gran banco, igual que su antecesor y su sucesor. Lo mismo sucedía con sus homólogos en el Ministerio de Finanzas. Los altos cargos de la administración civil austríaca en los ministerios clave «descienden de los cielos» hasta hoy.

Los consejeros japoneses que «descienden de los cielos» están bien pagados, pero el puesto es una sinecura. Por lo general, ni siquiera se espera que aparezcan por el despacho salvo una vez al mes, para recoger su cheque. En cambio, en la mayoría de países europeos, estos funcionarios «retirados» pasan a ocupar puestos de verdad, como sucedía con los administradores austríacos que se convertían en directores de banco.

No importa ahora si esto es sensato o absurdo. Estas prácticas son universales. En Alemania, el funcionario del segundo nivel del escalafón, que no consigue ocupar un puesto en la cumbre de un ministerio, se convierte en secretario general de una asociación sectorial, un trabajo que no sólo está bien pagado, sino que tiene un poder real. En Alemania es obligatorio pertenecer a esas asociaciones y todas, excepto las mayores compañías, deben conducir sus relaciones tanto con el gobierno como con los sindicatos a través de ellas. Si el funcionario es socialdemócrata, consigue un puesto similar —igualmente bien pagado y poderoso— como economista jefe o secretario general de un sindicato. En Francia el administrador civil que ha alcanzado la exaltada posición de *inspecteur de finance*, por lo general alrededor de los cuarenta o cuarenta y cinco años, pasa a desempeñar un alto cargo en la industria o las finanzas. Casi todos los puestos de poder en la economía y la sociedad francesas están ocupados por alguien que antes fue *inspecteur de fi-*

nance. Incluso en el Reino Unido, sigue siendo costumbre que los más altos cargos administrativos de los principales ministerios presidan un gran banco o una compañía de seguros después de retirarse.

También en Estados Unidos ese «descenso de los cielos» es algo conocido. Decenas de generales y almirantes, al retirarse, han ocupado puestos ejecutivos en las compañías fabricantes de armas o aerospaciales. Y un número incluso mayor de los funcionarios del Congreso y de los cargos políticos por nombramiento, en los niveles alto y medio de los organismos ejecutivos —juntos, la élite dirigente de Washington—, suelen descender de allá arriba para ser miembros bien pagados de un grupo de presión o socios de algún bufete de abogados en Washington.

Incluso en la cima de su poder, alrededor de 1970, la burocracia japonesa tenía menos control sobre los negocios y la economía que sus homólogas europeas. Tanto en Francia como en Alemania, el gobierno es el propietario directo de enormes parcelas de la economía. Una quinta parte del mayor fabricante de automóviles europeo, Volkswagen, es propiedad del estado de Sajonia, lo cual le da un absoluto poder de veto. Hasta hace muy poco, el Gobierno francés poseía la mayoría de los principales bancos y compañías de seguros del país. Lo mismo sucede en Italia, la tercera economía del continente. En cambio, Japón no es dueño de casi nada en su economía, salvo el Banco Postal de Ahorros. Allí donde los japoneses se las arreglan con la «orientación administrativa», o el control por medio de la persuasión, los europeos confían en el *dirigisme*, el poder directo para tomar decisiones como propietarios y dirigentes, para bien o para mal.

Las élites dominan

¿Cuánto costaría poner cortapisas al poder de los burócratas japoneses? Después de todo, tienen un historial pésimo. Han ido dando tumbos de un fracaso a otro durante los últimos veinticinco años. Fracasaron miserablemente al elegir las opciones ganadoras a finales de la década de 1960 y principios de la década de 1970, decidiéndose por opciones perdedoras como el superordenador central. Como resultado, Japón va hoy muy rezagado en la industria de la información y en la alta tecnología en su conjunto.

La burocracia volvió a fracasar en la década de 1980. Presa del pánico debido a una ligera recesión, hundió a Japón en los salvajes excesos de la burbuja fiscal especuladora y con ellos en la actual crisis financiera. La «orientación administrativa» empujó a los bancos, las compañías de seguros y las empresas a invertir en acciones y bienes raíces a unos precios hinchados hasta la locura y a meterse en la peor clase de préstamos problemáticos. Cuando la burbuja estalló a principios de la década de 1990, la burocracia no consiguió volver a poner en marcha la economía de Japón. Vertió unas sumas de dinero sin precedentes —mucho más de lo que el gobierno de Estados Unidos trató de hacer durante el New Deal— en un intento por elevar el precio de las acciones, el de los bienes raíces, el consumo y la inversión de capital, todo sin ningún efecto. En 1997, la burocracia continuó por el mismo camino al no lograr prever en absoluto la crisis financiera de Asia continental y siguió instando a los bancos y a las industrias japoneses a invertir más dinero en Asia, incluso después de que las economías continentales empezaran a tambalearse.

Desde entonces, se ha revelado que esa burocracia estaba plagada de corrupción, incluso en organismos tan prestigiosos como el Banco de Japón o el Ministerio de Finanzas. Esto ha costado a los burócratas su derecho al liderazgo moral. Incluso los más acérrimos partidarios de la burocracia, las grandes empresas, se han vuelto contra ella. La organización de las grandes empresas, la *Keidanren*, exige la liberalización y que le corten las alas a la burocracia.

Sin embargo, no pasa nada. Peor aún, incluso los gestos pequeños, tímidos y simbólicos para afirmar el control sobre la burocracia, como enviar a un poderoso burócrata al piso de arriba de una patada, son revocados pocas semanas después. Los estadounidenses dicen que está pasando algo inusual, algo «excepcionalmente japonés».

Pero las élites dirigentes —especialmente las que, como las de Japón, no se basan en la cuna ni en la riqueza sino en la función— tienen una extraordinaria resistencia. Siguen en el poder mucho después de haber perdido la credibilidad o el respeto públicos. Consideremos a los militares franceses. Las pretensiones de esta élite dirigente quedaron rotas en pedazos cuando el escándalo Dreyfus de la década de 1890 demostró que era corrupta, deshonrosa, deshonesta y carente de las «virtudes militares» en que se sustenta el derecho de un ejército a reclamar el liderazgo social. Sin embargo, se aferró al poder, incluso después de que su abismal incompetencia durante la Primera Guerra Mundial demostrara que sólo era capaz de una matanza masiva sin sentido. Totalmente desacreditada, especialmente en los años de generalizado pacifismo en Europa Occidental después de la Gran Guerra, en 1936 tenía la suficiente fuerza para derrotar el intento hecho por el gobierno de León Blum para pasar el poder a la élite de la administración civil. Formando equipo con los comunistas franceses, los militares echaron a Blum del poder. Y en 1940, incluso después de demostrar una vez más su absoluta incompetencia, infligiendo a Francia la derrota más humillante de su historia, los militares franceses tenían el suficiente poder para hacer que los colaboradores de Vichy eligieran al menos desacreditado de los líderes militares de Francia, el casi senil mariscal Petain, para ganar legitimidad y un amplio apoyo popular para su régimen títere.

La extraordinaria capacidad de una élite dirigente para llevar a un punto muerto cualquier intento por derribarla no es, en modo alguno, un fenómeno japonés. Los países desarrollados, y especialmente los países democráticos desarrollados, están convencidos de que necesitan una élite dirigente. Sin ella, la sociedad y la política se desintegran, y también, a su vez, la democracia. Sólo Estados Unidos y los pocos países de habla inglesa de menor tamaño son inmunes a esta certeza. La sociedad estadounidense no ha tenido una élite dirigente desde los primeros años del siglo XIX. Es más, como casi cualquier observador extranjero desde Tocqueville ha notado, el único rasgo verdaderamente exclusivo de la sociedad estadounidense es que todos los grupos se sienten poco apreciados y respetados, si no discriminados, una característica que muchos de nosotros consideramos la máxima fuerza del país. Pero Estados Unidos es la excepción. Japón es la regla. En todos los principales países desarrollados, salvo Estados Unidos, se considera evidente que sin una élite dirigente no puede haber ni estabilidad política ni orden social.

Consideremos a Charles de Gaulle y Konrad Adenauer. Ambos eran extraños, rechazados por las élites dirigentes de sus sociedades, los militares franceses y el servicio gubernamental alemán, respectivamente. Pese a su talento, se les negaba la promoción y el poder. De Gaulle no fue nombrado general hasta que estalló la Segunda Guerra Mundial e, incluso entonces, sólo se le dio el mando de una pequeña brigada. Adenauer era generalmente reconocido como el político más hábil del país y como un administrador excepcionalmente capaz, pero nunca se le ofreció un cargo en el gabinete y mucho menos la cancillería, cargos para los que estaba claramente mucho más dotado que las mediocridades de Weimar. Ambos hombres sentían amargura por el rechazo de la élite, hacia la cual se mostraban, también ambos, abiertamente despreciativos. Sin embargo, ambos, al acceder al poder después de la guerra, pusieron inmediatamente manos a la obra para crear una nueva élite dirigente.

Una de las primeras cosas que hizo De Gaulle al convertirse en presidente en 1945 fue convertir su nueva administración civil en la élite que es en la actualidad, fusionando el caos fracturado de burocracias competidoras en un organismo controlado centralmente, dando a los funcionarios el control sobre todos los puestos importantes del gobierno y la economía, haciendo que los *inspecteurs de finance* fueran omnipotentes y, finalmente, creando una nueva credencial, el título de una nueva escuela de élite, la *École Nationale d'Administration*. De ella han salido, durante los últimos cuarenta años, casi todos los líderes sociales, políticos o empresariales de Francia, incluyendo, claro está, todos los *inspecteurs de finance.*

Cuando Adenauer fue elegido canciller de Alemania en 1949, heredó una administración pública desacreditada, desmoralizada y profundamente marcada por su sumisión ciega a los nazis. Adenauer puso inmediatamente manos a la obra para restaurar su posición como élite. Él mismo había sido encarcelado por los nazis dos veces, pero pese a las fuertes presiones, especialmente por parte de británicos y estadounidenses, protegió a la administración pública de la desnazificación. Restauró la seguridad del puesto y los privilegios que los nazis habían abolido y le dio una libertad sin precedentes, protegiéndola de la interferencia de los políticos locales. Adenauer dio a la administración pública alemana una posición más alta de la que nunca había tenido anteriormente y esta vez no quedaba superada en rango por los militares, como había sucedido bajo el káiser o, incluso, en la República de Weimar.

Tanto De Gaulle como Adenauer fueron acusados de ser poco democráticos y ambos respondieron afirmando que una sociedad moderna —y especialmente, una democracia moderna— se desintegra sin una élite dirigente. Tenían una cierta razón. En la Alemania de Weimar, por ejemplo, los militares estaban desacreditados por la derrota en la Primera Guerra Mundial, aunque conservaban el derecho al veto. La administración pública, que antes de 1918 había estado a la sombra del ejército, estaba muy dividida sobre aceptar o no la república. Los nuevos grupos presentes en la escena pública, como los líderes empresariales y los profesionales, seguían siendo considerados unos recién llegados. La ausencia resultante de un grupo dirigente aceptado demostró ser crítica para la desintegración de Weimar. Para dar otro ejemplo, la ausencia de una élite dirigente ha tenido, sin duda, algo que ver con la parálisis política y la anomia social de Italia.

Las élites dirigentes que los países desarrollados necesitan para sobrevivir se aferran, claro, al poder. Todos los dirigentes lo hacen. Pero las élites sólo pueden mantenerse en el poder porque no hay ningún reemplazo a la vista. Hasta que se ofrezca esa alternativa —y al parecer se necesita un De Gaulle o un Adenauer para hacerlo— la élite dirigente permanecerá, incluso si está totalmente desacreditada y no es funcional.

No hay ningún reemplazo así a la vista en Japón. Los militares, históricamente la élite dirigente (en realidad, el régimen militarista de los 1930 era en gran medida una nueva versión de los *shogunatos*, las dictaduras militares que gobernaron Japón durante la mayor parte de su historia), no goza de ningún apoyo público. Es la gran empresa quien cuenta con un respeto público sin precedentes, pero no sería aceptada como élite dirigente de la sociedad. Ni tampoco el profesorado ni los profesionales. Hasta ahora la burocracia, por muy desacreditada que esté, es el único grupo que reúne las condiciones necesarias. Que a los responsables políticos de Estados Unidos les guste esto o no les guste carece de importancia. Estos son los hechos. La política estadounidense para Japón debe basarse en el supuesto de que, en el futuro inmediato, la burocracia seguirá siendo la élite dirigente de

Japón o, por lo menos, la más poderosa, tanto si hay «desregulación» como si no.

Una política para nada

La élite dirigente de Japón no actúa como sus equivalentes aproximadas en Estados Unidos. En este país, los grupos de élite son políticos; cargos nombrados para el ejecutivo y miembros de la plantilla permanente del Congreso (ambas categorías son, por cierto, fenómenos exclusivamente estadounidenses, ajenos al resto del mundo desarrollado). Pero el grupo dirigente de Japón es una burocracia y actúa como tal.

Max Weber, el gran sociólogo alemán que identificó la burocracia como un fenómeno universal, definía su función diciendo que codificaba sus experiencias y las convertía en normas de conducta. Tres experiencias formativas en la memoria colectiva de la actual burocracia de Japón, dos éxitos y un fracaso, le proporcionan la base para su actuación, especialmente durante una crisis importante.

El primer éxito fue no intervenir en la más grave enfermedad social del Japón posterior a 1945; el problema de una mayoría rural sin empleo y sin posibilidades de encontrarlo. Hoy los agricultores en activo, tanto en Estados Unidos como en Japón, no representan más de un 2 ó 3% de la fuerza laboral. En 1950, más del 20% de los trabajadores de Estados Unidos eran agricultores, pero en Japón alrededor de un 60% de la población seguía viviendo de la tierra, ganando en el mejor de los casos apenas lo justo para subsistir. La mayoría de los agricultores japoneses de principios de los 1950 eran absolutamente improductivos. Sin embargo, la burocracia se resistió con éxito a todas las presiones para que el gobierno hiciera algo sobre el problema agrícola. «Sí —admitió en la práctica—, este exceso de población improductiva en la agricultura es un obstáculo tremendo para el desarrollo económico. Sí —aceptó—, subvencionar a estos granjeros por no producir nada penaliza fuertemente al consumidor japonés en un momento en que los habitantes de las ciudades ganan apenas lo suficiente para sus necesidades». Pero hacer algo para animar a los agricultores a abandonar la tierra o ser más productivos (lo cual, en muchos casos, equivaldría a cultivar nuevos productos como el sorgo o la soja o abandonar el cultivo del arroz para criar pollos y ganado) podría causar un serio trastorno social. Lo único sensato, argumentaba la burocracia, es no hacer absolutamente nada, y eso es lo que hizo.

Económicamente, la política agrícola de Japón ha sido un desastre. En la agricultura, Japón está peor que ningún otro país desarrollado. A los agricultores que quedan se les paga tanto en subvenciones como en los demás países desarrollados, incluido Estados Unidos, pero, a diferencia de éstos, Japón necesita ahora importar más alimentos que nunca, más que cualquier otro de los grandes países desarrollados. Pero socialmente, no hacer nada ha sido un enorme éxito. Japón ha absorbido, proporcionalmente, más agricultores en su población urbana que cualquier otro país desarrollado sin el más mínimo trastorno social.

El segundo gran éxito de la burocracia japonesa fue también un caso de inacción estudiada; no abordar el problema de la distribución minorista. A finales de la década de 1950 y principios de la década de 1960, Japón tenía el sistema de distribución más anticuado, caro e ineficaz del mundo desarrollado, más propio del siglo XVIII que del XX. Consistía en miles de tiendas familiares, diminutos cuchitriles con unos costes enormes y unos márgenes escandalosamente altos, que vendían cada una apenas lo suficiente para que los propietarios fueran tirando. Los economistas y los líderes empresariales advirtieron de que Japón no podría tener una economía sana y moderna hasta que contara con un sistema de distribución eficaz. No obstante, la burocracia se negó a intervenir. Antes al contrario, aprobó una norma tras otra para frenar el crecimiento de los modernos minoristas, como los supermercados y las tiendas de descuento. «Económicamente —admitieron los burócratas— el actual sistema minorista es una carga enorme. Pero es la red de seguridad de la sociedad japonesa. Una persona que pierde su empleo o se retira a los cincuenta y cinco años con sólo unos pocos meses de indemnización siempre puede conseguir un trabajo con un salario de subsistencia en la tienda de su primo.» Después de todo, en aquel tiempo, Japón no contaba todavía con un seguro de desempleo ni con un sistema de pensiones.

Cuarenta años más tarde, el problema de la distribución minorista ha desaparecido, tanto social como económicamente. Las tiendas familiares siguen estando ahí, pero la mayoría, especialmente en las grandes ciudades, son ahora franquicias de nuevas y grandes cadenas de venta al detalle. Las viejas y sombrías tiendas han desaparecido. Los pequeños establecimientos actuales están limpios, bien iluminados, gestionados centralmente e informatizados. Puede que Japón tenga ahora el sistema de distribución más eficaz y barato del mundo y la familia de tenderos gane un buen dinero.

La tercera experiencia formativa de la burocracia japonesa —a diferencia de las otras dos, un enorme fracaso— también le enseñó a no actuar. En realidad, este fracaso fue el resultado de infringir las lecciones anteriores y no hacer caso de la sabiduría contenida en posponer y retrasar las cosas. A principios de la década de 1980, Japón tenía lo que en la mayoría de lugares del mundo no se consideraría siquiera una recesión, sino una disminución leve en el crecimiento de la economía y el empleo. Pero esta disminución coincidió con la eliminación de la paridad en el tipo de cambio dólar-yen y con una rápida caída en el valor de cambio del dólar estadounidense que hizo que el Japón dependiente de las exportaciones fuera presa del pánico. Los burócratas se derrumbaron bajo la presión pública resultante y se convirtieron en activistas al estilo occidental. Gastaron enormes cantidades de dinero tratando de estimular la economía. Se produjo el desastre. El gobierno empezó a incurrir en mayores déficit presupuestarios que la mayoría de países desarrollados; el mercado bursátil inició un auge loco, impulsando los precios hacia arriba hasta alcanzar una relación precio-ganancias de cincuenta a uno o más; hubo una subida aún más demencial en los precios de la propiedad urbana y los bancos, inundados de dinero para el que no había prestatarios sólidos, lo prestaban frenéticamente a los especuladores. La burbuja estalló, claro, y la actual crisis financiera es su legado, con los bancos, las compañías de seguros y las cajas de ahorro ahogándose en pérdidas bursátiles y de bienes inmuebles y en préstamos problemáticos incobrables.

Los acontecimientos subsiguientes sólo confirmaron a la burocracia en su convicción de que no hacer nada es más sensato que actuar. Porque, de nuevo, en los dos últimos años y debido, en cierta medida, a las presiones de Washington, los políticos y la opinión pública japoneses han empujado al gobierno a verter en la economía unas sumas de dinero mayores que en cualquier otro país occidental, absolutamente en vano.

El contrato social

La forma en que la burocracia japonesa está abordando ahora —o mejor dicho, no abordando— la crisis del sistema bancario japonés es vista, generalmente, como pura cobardía política por los occidentales, especialmente por el Washington oficial; el Tesoro de Estados Unidos, el Banco Mundial y el Fondo Monetario Internacional. Pero para el círculo dirigente de Tokio, el no hacer nada y el demorar las cosas parecen ser las únicas políticas racionales.

Nadie sabe todavía cuánto han sufrido las instituciones financieras japonesas debido al estallido de la burbuja. Además de sus pérdidas internas, ahora surgen amenazadoras enormes pérdidas adicionales infligidas por la crisis económica en otros países asiáticos —Corea del Sur, Tailandia, Indonesia y Malaisia— donde los bancos japoneses eran, con mucho, los prestamistas más importantes, como también lo han sido en China.

Japón se enfrenta a la mayor crisis financiera que cualquier país haya sufrido desde la Segunda Guerra Mundial. Según un cálculo hecho en mayo pasado por *Business Week*, el sistema bancario japonés tendrá que acabar dando por incobrables unas pérdidas de alrededor de un billón de dólares, sin incluir las pérdidas en préstamos e inversiones en otros lugares de Asia. Esta suma supera fácilmente incluso el cálculo más alto de las pérdidas sufridas por la debacle de los ahorros y préstamos de hace quince años en Estados Unidos, y esto en una economía que apenas corresponde a la mitad de la de este país. Dicha suma representa un apabullante 12%, aproximadamente, de los fondos de todas las instituciones financieras japonesas.

Incluso más graves, y mucho más difíciles de manejar, son los peligros sociales que la crisis bancaria plantea. Ya se está reduciendo, de forma radical, todo el sistema financiero japonés. Japón tiene un enorme exceso de bancos, no tanto en el número de instituciones como en el de sucursales bancarias, que son ubicuas y están dotadas de un personal enormemente excesivo. Los expertos financieros estadounidenses y japoneses calculan que los bancos comerciales de Japón emplean entre tres y cinco veces más personas por mil transacciones que los bancos de Estados Unidos o Europa. Esto ha hecho que la banca japonesa sea uno de los mayores empleadores de Japón, además de ser el que mejor paga. La mayoría de los empleados superfluos, pero bien pagados, son personas de mediana edad con conocimientos limitados a quienes les resultaría muy difícil encontrar otro trabajo si los despidieran. El desempleo ha crecido ya en Japón hasta los niveles más altos en cuarenta años, por encima del 4% según datos oficiales y, si Japón usara las definiciones de desempleo de Estados Unidos o Europa, esa cifra sería del 7 o el 8%. Sólo dos años atrás, el índice oficial de desempleo estaba todavía por debajo del 3%.

Aún más grave que el peligro del desempleo es el que amenaza al contrato social del país, especialmente a la seguridad de trabajo para el empleo vitalicio. Si los bancos despidieran a un gran número de personas, el contrato social se rompería en pedazos. La seriedad con que los japoneses miran los aspectos sociales de la crisis se evidencia en lo lejos que van para conservar unos pocos empleos. Tomaron la medida, prácticamente impensable, de permitir, es más, probablemente invitar, a una firma financiera estadounidense, Merril Lynch a hacerse cargo de las principales sucursales de Yamaichi, la cuarta firma de corredores de bolsa más importante de Japón, cuando quebró en 1997, simplemente porque Merill Lynch prometió conservar alrededor de una sexta parte de los empleados de Yamaichi, unos pocos miles de empleados. Sólo seis semanas antes, altos cargos del ministerio de Finanzas, que supervisa a los agentes de bolsa, seguían insistiendo acaloradamente en que nunca permitirían que una firma extranjera comerciara en valores internos de Japón.

La crisis bancaria socava la estructura de la empresa y la sociedad japonesas. Puede llegar a disolver la organización económica más distintiva del país: el *keiretsu*, el conglomerado de empresas en torno a un banco importante. Al contrario de lo que se suele creer en Occidente, el *keiretsu* no sirve principalmente a fines empresariales. Su primera función es actuar como un auténtico consejo de directores para las compañías que lo componen, dado que el consejo oficial de cada una de ellas es sólo un comité de gestión interna. El *keiretsu* elimina sin ruido a los altos directivos incompetentes y comprueba las promociones propuestas al más alto escalafón de las compañías miembros. Pero, sobre todo, el *keiretsu* es una asociación de apoyo mutuo. Los miembros de una de sus compañías tienen, colectivamente, suficientes acciones de las demás como para dar al *keiretsu* un efectivo control sobre la propiedad. Este protege así a cada miembro contra los extraños y contra las ofertas hostiles de compra. Además, es el garante último del empleo vitalicio. Si un miembro del *keiretsu* tiene unos problemas tan graves que debe despedir personal, las otras compañías proporcionarán trabajo a los despedidos. Esto permitirá que ese miembro reduzca costes y siga cumpliendo con su compromiso de permanente seguridad de empleo.

¿Puede sobrevivir el *keiretsu* a la crisis financiera? Los bancos que forman el núcleo del *keiretsu* típico han empezado a vender sus participaciones en el grupo a fin de compensar sus pérdidas. A su vez, más miembros del *keiretsu* están vendiendo sus acciones en otras compañías miembros del mismo *keiretsu* para conseguir efectivo y apuntalar sus balances. Pero dejando de lado la amenaza al empleo vitalicio y la seguridad de tener trabajo, ¿qué sustituirá al *keiretsu* como principio organizador de la economía japonesa?

No hay respuesta a estas cuestiones. Así pues, el único camino lógico para la burocracia japonesa quizá sea realmente no tener ninguna política. Pensar que esa inacción reducirá el problema bancario a un tamaño manejable es probablemente una ilusión, pero ciertamente a Occidente, y en especial a Estados Unidos, sólo les cabe confiar en que esa estrategia de no hacer nada funcione de nuevo. El malestar social en Japón sería una amenaza mucho más grave para los intereses económicos, estratégicos y políticos de Estados Unidos que cualquier cosa que pudieran llegar a ganar por medio de medidas como una rápida liberalización del sector financiero, que Washington está tratando de imponer a Tokio.

Es la sociedad, idiota

En última instancia, la clave más importante para comprender cómo piensa, trabaja y actúa la burocracia japonesa es comprender las prioridades de Japón. Los estadounidenses dan por sentado que la economía tiene la primacía en las decisiones políticas, salvo en caso de que la seguridad nacional se viera seriamente amenazada. Los japoneses —y de ningún modo sólo la burocracia— confieren esa primacía a la sociedad.

De nuevo Estados Unidos es la excepción y Japón es más bien la regla. En la mayoría de países desarrollados, salvo Estados Unidos, se considera que la economía es una restricción sobre la política más que su principal, y menos aún, su único determinante. La ideología y, sobre todo, el efecto en la sociedad es lo primero.

Incluso en Estados Unidos, la primacía de la economía dentro de la política y la vida pública es bastante reciente; no se remonta más atrás de la Segunda Guerra Mundial. Hasta entonces, Estados Unidos también tendía a considerar que la sociedad era lo primero. Pese a la Gran Depresión, el *New Deal* había puesto la reforma social muy por delante de la recuperación económica. Los votantes lo aprobaban por una abrumadora mayoría.

Pero aunque no puede decirse que sea exclusivo de Japón, conceder el lugar de honor a la sociedad es más importante para los japoneses que para la mayoría de los países desarrollados, quizá con la excepción de Francia. Para el extraño, Japón parece tener una cohesión y una fuerza sociales extraordinarias. Ninguna otra sociedad en la historia ha respondido con éxito a unos retos y trastornos tan extremos: el giro de 180 grados impuesto a Japón por los barcos del comodoro Perry en la década de 1850, a resultas de lo cual el país más aislado del mundo, herméticamente sellado durante más de dos siglos, se abrió a la modernidad de un día para otro y se occidentalizó; o el radical giro social, igualmente dramático, dado después de su derrota en 1945 y de los largos años de ocupación que la siguieron. Sin embargo, los japoneses ven frágil a su sociedad. Saben lo cerca que su país estuvo del hundimiento y la guerra civil en ambas ocasiones; de ahí la extrema importancia que tiene, por ejemplo, el empleo vitalicio como aglutinante social de Japón.

Que la sociedad japonesa sea resistente o delicada es algo secundario. Lo que importa es que los japoneses dan por sentado que es prioritaria. Si los estadounidenses lo comprendieran, especialmente cuando tratan con un Japón en aprietos, quizá se aferraran menos a los mitos sobre la inutilidad de la burocracia japonesa. Defender a los burócratas sigue siendo, por supuesto, una herejía, pero con frecuencia, la herejía está más cerca de la verdad que la sabiduría convencional.

(1998)

14. Civilizar la ciudad

Civilizar la ciudad será, de forma creciente, la más alta prioridad en todos los países, y especialmente en los desarrollados, como Estados Unidos, el Reino Unido y Japón. No obstante, ni el gobierno ni la empresa pueden procurar las nuevas comunidades que necesita cualquier ciudad importante del mundo. Esa es tarea de las organizaciones sin ánimo de lucro, no gubernamentales y no empresariales.

Cuando yo nací, pocos años antes del estallido de la Primera Guerra Mundial, menos de un 5% de la población, uno de cada veinte seres humanos, vivía y trabajaba en una ciudad. La ciudad seguía siendo la excepción, un pequeño oasis en un universo rural. Incluso en los países más industrializados y más urbanizados, como Inglaterra o Bélgica, la población rural estaba cerca de ser mayoría.

Hace cincuenta años, al final de la Segunda Guerra Mundial, una cuarta parte de la población de Estados Unidos era todavía rural y en Japón las personas que vivían de la tierra seguían siendo las tres quintas partes del total. Hoy, en ambos países y en todos los demás países desarrollados, la población rural se ha reducido a menos del 5% y sigue disminuyendo. Asimismo, en el mundo en vías de desarrollo, son las ciudades las que están creciendo. Incluso en India y China, los dos grandes países que siguen siendo predominantemente rurales, las ciudades están creciendo mientras que la población rural, en el mejor de los casos, se mantiene estable. Y en todos los países desarrollados, las personas que viven en el campo están impacientes por trasladarse a las ciudades, aunque allí no haya trabajo ni viviendas para ellas.

El único precedente de esta transformación demográfica es lo que sucedió hace unos diez mil años, cuando nuestros remotos antepasados se hicieron sedentarios por vez primera y se convirtieron en pastores y agricultores. Pero esa transformación necesitó varios miles de años y la nuestra se ha producido en menos de un siglo. No hay ningún precedente moderno para ella; también hay muy pocas instituciones y, por desgracia, muy pocos éxitos. Y la clave para la supervivencia y salud de esta nueva sociedad humana urbana está en el desarrollo de comunidades en la ciudad.

La realidad de la vida rural

En una sociedad rural, las comunidades son un factor dado para el individuo. La comunidad es un hecho, sea la familia, la religión, la clase social o la casta. Hay muy poca movilidad en la sociedad rural y la que hay suele ser hacia abajo.

Se ha idealizado a la sociedad rural durante milenios, especialmente en Occidente, donde las comunidades rurales suelen retratarse como idílicas. No obstante, la comunidad en una sociedad rural es, en realidad, a la vez obligatoria y coercitiva.

Veamos un ejemplo reciente. Mi familia y yo vivíamos en el campo en Vermont hace sólo cincuenta años, a finales de la década de 1940. En aquella época, el personaje más popular de la nación era la telefonista local de los anuncios de la Bell Telephone Company. Ella, nos decían esos anuncios cada día, mantenía unida a la comunidad, la servía y siempre estaba disponible para ayudar.

La realidad era un tanto diferente. En el Vermont rural, seguíamos teniendo centralitas telefónicas manuales. Cuando cogíamos el teléfono no oíamos una señal para marcar. Pero por lo menos, confiábamos, oiríamos a una de esas telefonistas maravillosas que estaban al servicio de la comunidad. Pero cuando finalmente, alrededor de 1947 ó 1948 llegó el teléfono de disco a la zona, todo el mundo lo celebró. Sí, la telefonista seguía estando allí, pero cuando llamabas para que te pusiera con el doctor Wilson, el pediatra, porque uno de tus hijos tenía fiebre, la telefonista decía: «No puede hablar con el doctor Wilson ahora, está con su novia», o «No necesita al doctor Wilson, su pequeño no está tan enfermo. Espere hasta mañana para ver si sigue teniendo fiebre». La comunidad no sólo era coercitiva; era también entrometida.

Y esto explica por qué, durante milenios, el sueño de la población rural haya sido escapar a la ciudad. *Stadtluft macht frei* (el aire de la ciudad libera) dice un viejo proverbio alemán que se remonta al siglo XI o XII. El siervo que conseguía escapar de la tierra y ser admitido en una ciudad se convertía en un hombre libre. Se convertía en ciudadano. Así que nosotros, también, tenemos una imagen idílica de la ciudad y es tan poco realista como la imagen idílica de la vida rural.

Porque lo que hizo que la ciudad fuera atractiva, el anonimato, la ausencia de una comunidad coercitiva, la hizo también anárquica. La ciudad era, en verdad, el centro de la cultura. Era allí donde los artistas y los estudiosos podían trabajar y progresar. Precisamente porque no tenía ninguna comunidad, ofrecía una movilidad hacia arriba. Pero por debajo de esta fina capa de profesionales, artistas y estudiosos, por debajo de los ricos mercaderes y los artesanos muy especializados, con sus gremios, había una anomia social y moral. Había prostitución y bandidaje y anarquía. Y también la vida en la ciudad significaba estar expuesto a las enfermedades y las epidemias. Hasta los últimos cien años, más o menos, ninguna ciudad del mundo mantenía sus propios niveles de población; dependía de quienes llegaban desde el campo. No fue hasta el siglo XIX, con el moderno suministro de agua y el moderno alcantarillado, con las vacunas y la cuarentena, cuando las expectativas de vida en la ciudad empezaron a acercarse a las del campo.

Esto era verdad en la Roma de los césares, en la Constantinopla bizantina, en la Florencia de los Medici y en el París de Luis XIV (tan brillantemente retratado en *Los Tres Mosqueteros* de Dumas, ese *best seller* del siglo XIX). Pero también era cierto en el Londres de Dickens. En la ciudad había una «alta cultura» brillante, pero era una capa finísima por encima de un pantano maloliente. Y en ninguna ciudad, antes de 1880 aproximadamente, una mujer respetable se atrevía a salir sola a la calle en cualquier momento del día. Tampoco era seguro para un hombre volver a pie a casa por la noche.

La necesidad de comunidad

La ciudad era atractiva precisamente porque liberaba de la comunidad rural coercitiva y obligatoria. Pero era destructora porque no ofrecía ninguna comunidad propia.

Y los seres humanos necesitan una comunidad. Si no hay comunidades disponibles para fines constructivos, las habrá destructivas y mortíferas, como las bandas de la Inglaterra victoriana o las que hoy amenazan el mismísimo tejido social de las grandes ciudades estadounidenses (y de forma creciente, el de cualquier gran ciudad del mundo).

El primero en señalar que los humanos necesitan una comunidad fue Ferdinand Toennies, en uno de los grandes clásicos de la sociología, *Gemeinschaft und Gesellschaft* [Comunidad y Sociedad], publicado en 1887. Pero la comunidad que Toennies, hace más de un siglo, seguía confiando en conservar —la comunidad orgánica de la sociedad rural tradicional— ha desaparecido y lo ha hecho para siempre. Por lo tanto, la tarea es ahora crear comunidades urbanas, algo que no existía antes. En lugar de las comunidades tradicionales de la historia, éstas deben ser libres y voluntarias. Pero también es necesario que ofrezcan al habitante de la ciudad una oportunidad para tener éxito, para contribuir, para importar.

Desde la Primera Guerra Mundial —y de forma ya indudable, desde el final de la Segunda— en todos los países, tanto si se trataba de democracias como de dictaduras, la mayoría creía que el gobierno debía y podía proveer a las necesidades comunitarias de una sociedad urbana por medio de «programas sociales». Ahora sabemos que era, en gran parte, una vana ilusión. Los programas sociales de los últimos cincuenta años no han sido, en general, éxitos. Ciertamente, no han llenado el vacío dejado por la desaparición de la comunidad tradicional. Las necesidades estaban allí y también el dinero (y en muchos países en cantidades enormes), pero los resultados han sido magros en todas partes.

Pero está igualmente claro que el sector privado, la empresa, tampoco puede satisfacer esa necesidad. En un tiempo llegué a pensar que sí que podía hacerlo y que lo haría. Hace más de cincuenta años, en 1943, en mi libro *The Future of Industrial Man*, propuse lo que entonces llamé la «comunidad fabril autónoma», la comunidad dentro de la nueva organización social, la gran empresa de negocios. Ha funcionado, pero en un único país, Japón. Incluso allí, ahora está claro que no es la respuesta. En primer lugar, ninguna empresa puede dar verdaderamente seguridad; el «empleo vitalicio» de los japoneses está demostrando ser un espejismo peligroso. Sobre todo, el empleo vitalicio y, con él, la «comunidad fabril autónoma», no encaja en la realidad de la sociedad del saber. El sector privado es cada vez más un medio para ganarse la vida mucho más que un medio para construir una vida. Aportará, debe aportar, éxito y satisfacción personal, pero la empresa de negocios es claramente lo que Toennies, hace 110 años, llamaba una «sociedad» más que una «comunidad».

La única respuesta

Sólo el sector social, es decir, la organización no gubernamental, sin fines de lucro, puede crear lo que ahora necesitamos, comunidades para los ciudadanos y, especialmente, para los trabajadores del saber, con un nivel de educación alto, que dominan de forma creciente las sociedades desarrolladas. Una de las razones para ello es que para que haya comunidades de libre elección para todos, sólo las organizaciones sin fines de lucro pueden proveer la enorme diversidad de comunidades que necesitamos; desde iglesias hasta asociaciones profesionales, desde organizaciones que cuiden de los sin hogar a clubes de salud. Las organizaciones sin fines de lucro son también las únicas que pueden satisfacer la segunda necesidad de la ciudad, la de una ciudadanía efectiva para sus habitantes. Sólo las instituciones del sector social pueden proporcionar oportunidades para el trabajo voluntario y permitir así que cada individuo disponga tanto de una esfera que pueda controlar como de otra donde su presencia importe.

El siglo XX, que pronto finalizará, ha sido testigo de un crecimiento explosivo tanto del gobierno como de la empresa, especialmente en los países desarrollados. Lo que el siglo XXI necesita por encima de todo es que el sector social no lucrativo crezca de forma igualmente explosiva construyendo comunidades dentro del nuevo entorno social dominante, la ciudad.

(1998)

[illegible] necesario [illegible] está claro que [illegible] esta respuesta. En primer lugar, [illegible] muchos [illegible] que [illegible] [illegible] con la [illegible] de los [illegible] de [illegible] Sennett [illegible] la comunidad [illegible] no [illegible] en la realidad de la [illegible] del [illegible] cada vez más un medio [illegible] de vida [illegible] un medio para [illegible] una vida [illegible] y [illegible] personal, [illegible] de [illegible] lo que [illegible] hace [illegible] más que [illegible].

La triple respuesta

[illegible] la organización [illegible] lo que [illegible] comunidades [illegible] los trabajadores [illegible] de [illegible] de las [illegible] para ellos, que para [illegible] de libre elección para todos. [illegible] las organizaciones [illegible] de [illegible] la [illegible] diversidad de [illegible] desde [illegible] organizaciones que [illegible] de [illegible] de la [illegible] las [illegible] de la [illegible] la ciudad, [illegible] de una [illegible] para [illegible]. Solo las instituciones del [illegible] social [illegible] comunidades [illegible] y permitir [illegible] cada individuo [illegible] que pueda [illegible] como [illegible] su presencia [illegible].

[illegible] que [illegible] tanto del [illegible] como de la empresa, especialmente en los países desarrollados. Lo que [illegible] de todo es que el [illegible] social no [illegible] de [illegible] comunidades [illegible] como social [illegible] la ciudad.

CUARTA PARTE
LA SOCIEDAD QUE VIENE

15. La sociedad que viene

Puede que la Nueva Economía se materialice y puede que no lo haga, pero no hay duda de que la sociedad que viene estará pronto con nosotros. En el mundo desarrollado, y probablemente también en los países en vías de desarrollo, esta nueva sociedad será mucho más importante que la Nueva Economía (si existe). Será muy diferente de la sociedad de finales del siglo XX y también diferente de lo que la mayoría espera. En gran parte, no tendrá precedentes. Y en su mayor parte, está ya aquí o está surgiendo rápidamente.

En los países desarrollados, el factor dominante de la sociedad que viene será algo a lo que la mayoría está sólo empezando a prestar atención; el rápido crecimiento de la población de más edad y la rápida disminución de las generaciones más jóvenes. En todas partes, los políticos siguen prometiendo salvar el actual sistema de pensiones, pero ellos —y sus electores— saben perfectamente bien que dentro de otros veinticinco años la gente tendrá que seguir trabajando hasta bien entrados los setenta, si la salud se lo permite.

Lo que todavía no se ha asumido es que un creciente número de personas de edad —digamos de más de cincuenta años— no seguirán trabajando como empleados tradicionales a jornada completa, pero formarán parte de la fuerza laboral de muchas maneras nuevas y diferentes; como eventuales, a tiempo parcial, como consultores, con misiones especiales, etcétera. Lo que solían ser departamentos de personal y ahora se conocen como departamentos de recursos humanos siguen dando por sentado que los que trabajan para una organización son empleados a jornada completa. Las leyes y reglamentos del empleo se basan en el mismo supuesto. Sin embargo, dentro de veinte o veinticinco años, quizá hasta la mitad de quienes trabajen para una organización no serán empleados suyos y, en cualquier caso, seguro que no lo serán a jornada completa. Esto será especialmente cierto de las personas de más edad. Cada vez más, el problema fundamental de gestión en las organizaciones empleadoras, y no sólo de las empresas, será encontrar nuevas maneras de trabajar con alguien a distancia.

La disminución de la población más joven provocará un trastorno aún mayor, aunque sólo sea porque no ha pasado nada igual desde los siglos finales del imperio romano. En todos y cada uno de los países desarrollados, pero también en China y Brasil, la tasa de natalidad está ahora muy por debajo de la tasa de reposición de 2,2 hijos vivos por cada mujer en edad reproductora. Políticamente, esto significa que la inmigración será un factor importante —y con gran poder divisor— en todos los países ricos. Trascenderá todas las alineaciones políticas tradicionales. Económicamente, el declive de la población joven cambiará los mercados de manera fundamental. El aumento de la formación de familias ha sido la fuerza motora de todos los mercados internos del mundo desarrollado, pero es seguro que el índice de formación de familias descenderá de forma constante, a menos que reciba un nuevo impulso de la inmigración a gran escala de jóvenes. El mercado masivo y homogéneo que surgió en todos los países ricos después de la Segunda Guerra Mundial ha estado determinado por la juventud desde el principio. Ahora se verá determinado por la mediana edad o quizás es más probable que se divida en dos; un mercado a gran escala determinado por la mediana edad y otro mucho menor determinado por los jóvenes. Y como la oferta de jóvenes decrecerá, crear nuevos modelos de empleo que atraigan y conserven al creciente número de personas de edad (especialmente de personas de edad instruidas) será cada vez más importante.

El saber lo es todo

La sociedad que viene será una sociedad del saber. El saber será su recurso clave y los trabajadores del saber serán el grupo dominante de su fuerza laboral. Sus tres características principales serán las siguientes:

- Inexistencia de fronteras, porque el saber viaja con menos esfuerzo todavía que el dinero.
- Movilidad ascendente, al alcance de todos mediante una educación oficial adquirida fácilmente.
- Potencial para el fracaso igual que para el éxito. Cualquiera puede adquirir los «medios de producción», es decir, el saber requerido para un trabajo, pero no todo el mundo puede ganar.

Unidas, estas tres características harán que la sociedad del saber sea muy competitiva, tanto para las organizaciones como para los individuos. La tecnología de la información, aunque sólo uno entre los muchos rasgos nuevos de la sociedad que viene, está teniendo ya un efecto enormemente importante; está permitiendo que el saber se difunda de forma casi instantánea y haciendo que sea accesible para todos. Dada la facilidad y rapidez con que viaja la información, todas las instituciones de la sociedad del saber —no sólo las empresas, sino también las escuelas, las universidades, los hospitales y, cada vez más, también los organismos gubernamentales— tienen que ser competitivas globalmente, aun cuando la mayoría de organizaciones continúe siendo local en sus actividades y mercados. Esto es así porque Internet mantendrá informados a los clientes de todas partes de lo que está disponible en cualquier parte del mundo y a qué precio.

Esta nueva economía del saber se apoyará con fuerza sobre los trabajadores del saber. Actualmente, este término se usa de forma general para describir a personas con un considerable saber e instrucción teóricos: médicos, abogados, profesores, contables, ingenieros químicos. Pero el crecimiento más asombroso se dará entre los «tecnólogos del saber» técnicos informáticos, programadores de *software*, analistas de laboratorios clínicos, técnicos de fabricación, pasantes de los bufetes legales. Estas personas son trabajadores manuales y trabajadores del saber, en igual medida; en realidad, suelen pasar mucho más tiempo trabajando con las manos que con el cerebro. Pero su trabajo manual se basa en una cantidad importante de saber teórico que sólo puede adquirirse por medio de una educación reglamentada, no por medio del aprendizaje. No están, en general, mucho mejor pagados que los trabajadores especializados tradicionales, pero se ven a ellos mismos como «profesionales». Igual que los obreros manuales no especializados de las fábricas eran la fuerza social y política dominante en el siglo XX, los tecnólogos del saber llegarán a ser, probablemente, la fuerza social —y quizá también política— dominante a lo largo de las próximas décadas.

El nuevo proteccionismo

También estructuralmente, la sociedad que viene se está apartando ya de la sociedad en la que casi todos nosotros vivimos. El siglo XX vio el rápido declive del sector que había dominado la sociedad durante diez mil años: la agricultura. En términos de volumen, la producción agrícola actual es, por lo menos, cuatro o cinco veces mayor que antes de la Primera Guerra Mundial, pero en 1913, los productos agrícolas representaban el 70% del comercio mundial, mientras que ahora esa parte es de sólo el 17%. En los primeros años del siglo XX, la agricultura en la mayoría de países desarrollados era el sector que más contribuía al PIB; ahora, en los países ricos, su contribución ha disminuido hasta el punto de ser marginal. Y la población agrícola se ha reducido hasta representar una proporción ínfima del total.

La industria ha recorrido una larga distancia por el mismo camino. Desde la Segunda Guerra Mundial, probablemente, la producción industrial del mundo desarrollado se ha triplicado en volumen, pero los precios, ajustados a la inflación, han caído de forma constante, mientras que el coste de los principales productos del saber —la atención sanitaria y la educación— se ha triplicado, también ajustado a la inflación. El poder de compra relativo de los bienes manufacturados respecto a los productos del saber es ahora de sólo una quinta o una sexta parte de lo que era hace cincuenta años. El empleo industrial en Estados Unidos ha caído desde el 35% de la fuerza laboral en la década de 1950 a menos de la mitad en la actualidad, sin causar demasiados trastornos sociales. Pero quizá sea esperar demasiado que se produzca una transición igualmente fácil en países como Japón o Alemania, donde los obreros de fábrica siguen representando entre un 25 y un 30% de la fuerza laboral.

El declive de la agricultura como productora de riqueza y de medios de vida ha permitido que el proteccionismo agrícola se extienda hasta un punto que habría sido impensable antes de la Segunda Guerra Mundial. Del mismo modo, el declive de la industria provocará una explosión de proteccionismo industrial, aunque se siga alabando de dientes afuera el libre comercio. Puede que este proteccionismo no adopte la forma de los tradicionales aranceles aduaneros, sino que aparezca como subvenciones, cupos y regulaciones de todo tipo. Incluso es más probable que emerjan bloques regionales que comercien libremente en el interior pero que sean muy proteccionistas en el exterior. La Unión Europea, la NAFTA (Tratado de Libre Comercio de América del Norte) y Mercosur ya señalan en esa dirección.

El futuro de la corporación

Estadísticamente, las compañías multinacionales tienen un papel muy parecido en la economía mundial al que tenían en 1913. Pero son ahora unos animales muy diferentes. Las multinacionales de 1913 eran firmas nacionales con sucursales en otros países, cada una de ellas independiente, a cargo de un territorio políticamente definido y con una gran autonomía. Ahora las multinacionales tienden a estar organizadas globalmente según líneas de productos o servicios. Pero al igual que a las multinacionales de 1913, la propiedad las mantiene unidas y controladas. En cambio, es probable que lo que mantenga unidas y controladas a las multinacionales de 2025 sea la estrategia. Por supuesto, seguirá existiendo la propiedad, pero cada vez más, las alianzas, las empresas conjuntas, los intereses minoritarios, los acuerdos técnicos o científicos y los contratos serán los componentes básicos de una confederación. Esta clase de organización necesitará una cúpula directiva de nuevo cuño.

En la mayoría de países, e incluso en un gran número de compañías grandes y complejas, la cúpula directiva se sigue viendo como una extensión de la dirección operativa. No obstante, es probable que la cúpula del mañana sea un órgano distinto e independiente que simbolizará a la compañía. Una de las tareas más importantes que tendrá por delante la cúpula directiva de la gran empresa del mañana, y especialmente de la multinacional, será equilibrar las exigencias encontradas que sufre la empresa debido a la necesidad de resultados a corto y largo plazo y a los diversos grupos que la constituyen; clientes, accionistas (especialmente los inversores institucionales y los fondos de pensiones), empleados del saber y comunidades.

Con estos antecedentes, nuestro análisis tratará de responder a dos preguntas: ¿Qué pueden y deben hacer los equipos directivos ahora para estar preparados para la sociedad que viene? ¿Qué otros grandes cambios nos tiene preparados el futuro, de los cuales todavía no somos conscientes?

◆ El nuevo equilibrio demográfico

Para el 2030, en Alemania, la tercera economía mundial, las personas de más de sesenta años representarán casi la mitad de la población adulta, comparado con la quinta parte que son ahora. Y a menos que la tasa de natalidad se recupere desde su bajo nivel de 1,3 por mujer, a lo largo del mismo periodo su población de menos de treinta y cinco años disminuirá casi el doble de rápido de lo que crece la población de más edad. El resultado neto será que la población total, ahora de 82 millones, se reducirá hasta los 70 ó 73 millones. El número de personas en edad laboral caerá en una cuarta parte, pasando de los 40 millones actuales a 30 millones.

Los datos demográficos alemanes están lejos de ser excepcionales. En Japón, segunda economía mundial, la población alcanzará su punto máximo en 2005, alrededor de 125 millones. Para el 2050, según las previsiones más pesimistas del gobierno, se habrá reducido hasta quedar en torno a los 95 millones. Mucho antes de eso, hacia el 2030, la proporción de las personas con más de sesenta y cinco años en la población adulta habrá crecido hasta representar la mitad. Y la tasa de natalidad en Japón, igual que en Alemania, ha bajado hasta 1,3 por mujer.

Las cifras son muy parecidas en la mayoría de los países desarrollados —Italia, Francia, España, Portugal, Países Bajos, Suecia— y en muchos de los países en vías de desarrollo, especialmente China. En algunas regiones, como la Italia central, el sur de Francia o el sur de España, la tasa de natalidad es incluso más baja que en Alemania o Japón.

La esperanza de vida —y con ella el número de personas de más edad— ha ido subiendo constantemente durante trescientos años. Pero la disminución en el número de jóvenes es algo nuevo. El único país desarrollado que ha escapado hasta ahora a ese destino es Estados Unidos. Pero incluso aquí, la tasa de natalidad está por debajo del nivel de reposición y la proporción de personas de más edad en la población adulta aumentará marcadamente en los próximos treinta años.

Todo esto significa que ganar el apoyo de las personas mayores será un imperativo político en todos los países desarrollados. Las pensiones se han convertido ya en una cuestión electoral habitual. También hay un creciente debate sobre la conveniencia de la inmigración para mantener la población y la fuerza laboral. Unidas, estas dos cuestiones están transformando el panorama político en todos los países desarrollados.

Para el 2030, como muy tarde, la edad en que se empiezan a pagar los subsidios por jubilación se habrá retrasado hasta alrededor de los setenta y cinco años, en todos los países desarrollados, y las pensiones para los jubilados sanos serán mucho menores de lo que son hoy. En realidad, puede que se haya abolido la edad de retiro fija para las personas en condiciones físicas y mentales razonablemente buenas, a fin de impedir que esa carga sobre la población activa llegue a ser insoportable. Los jóvenes y las personas de mediana edad empiezan ya a sospechar que no habrá suficiente dinero de las pensiones para llegar al momento en que ellos alcancen la edad tradicional de jubilación. Pero los políticos de todas partes continúan pretendiendo que pueden salvar el actual sistema de pensiones.

Necesaria pero no querida

La inmigración será, seguro, una cuestión aún más candente. El respetado instituto de investigaciones DIW de Berlín calcula que para el 2020, Alemania tendrá que importar, cada año, un millón de inmigrantes en edad laboral, sólo para mantener su fuerza laboral. Otros países europeos ricos están en el mismo barco. Y en Japón se habla de admitir a quinientos mil coreanos cada año y devolverlos a casa cinco años más tarde. Para todos los grandes países, salvo Estados Unidos, una inmigración a tan gran escala es algo sin precedentes.

Las implicaciones políticas ya empiezan a dejarse sentir. En 1999, los europeos se escandalizaron ante el éxito electoral alcanzado en Austria por un partido xenófobo, de extrema derecha, cuya principal plataforma era «cero inmigración». Movimientos similares están creciendo en la Bélgica de habla flamenca, en la tradicionalmente liberal Dinamarca y en el norte de Italia. Incluso en Estados Unidos, la inmigración está trastornando las antiguas alianzas políticas. La oposición de los sindicatos a la inmigración a gran escala los ha situado en el campo de la antiglobalización, que organizó violentas protestas durante la reunión en Seattle de la Organización Mundial de Comercio en 1999. Un futuro candidato demócrata a la presidencia de Estados Unidos quizá tenga que elegir entre conseguir el voto de los sindicatos oponiéndose a la inmigración o conseguir el voto de los latinos y otros recién llegados apoyándola. Igualmente, un futuro candidato republicano puede tener que escoger entre el apoyo de la clase empresarial, que clama por trabajadores, y el voto de una clase media blanca que se opone, cada vez con más fuerza, a la inmigración.

No obstante, la experiencia estadounidense con la inmigración debería situar a Estados Unidos a la vanguardia del mundo desarrollado durante las décadas venideras. Desde la década de 1970 este país ha estado admitiendo un gran número de inmigrantes, tanto legales como ilegales. La mayoría son jóvenes y la tasa de natalidad de las mujeres inmigrantes de primera generación tiende a ser más alta que la existente en el país de adopción. Esto significa que durante los próximos treinta o cuarenta años, la población de Estados Unidos seguirá creciendo, aunque sea lentamente, mientras que en algunos otros países desarrollados disminuirá.

Un país de inmigrantes

Pero no es sólo el número lo que dará ventaja a Estados Unidos. Incluso más importante es que el país está culturalmente en sintonía con la inmigración y aprendió, hace ya tiempo, a integrar a los inmigrantes en su sociedad y su economía. En realidad, puede que los inmigrantes recientes, sean hispanos o asiáticos, se estén integrando más rápidamente que nunca. Por ejemplo, según los informes, un tercio de los inmigrantes hispanos recientes se casa con no hispanos y no inmigrantes. El único gran obstáculo para la plena integración de los recién llegados es el mal rendimiento de las escuelas públicas del país.

Entre los países desarrollados, sólo Australia y Canadá tienen una tradición de inmigración similar a la de Estados Unidos. Japón ha mantenido decididamente fuera a los extranjeros, salvo por una racha de coreanos en las décadas de 1920 y 1930, a cuyos descendientes se sigue discriminando todavía hoy. Las migraciones masivas del siglo XIX se produjeron sea a espacios vacíos, sin colonizar (como Estados Unidos, Canadá, Australia, Brasil) o del campo a la ciudad dentro del mismo país. En cambio, en el siglo XXI, la inmigración está compuesta por extranjeros —tanto por su nacionalidad, como por su lenguaje, cultura y religión— que se desplazan a países poblados. Hasta ahora, los países europeos están lejos de haber tenido éxito en la integración de esos extranjeros.

El mayor efecto de los cambios demográficos puede ser la división de unas sociedades y mercados antes homogéneos. Hasta las décadas de 1920 ó 1930 cada país tenía diversas culturas y mercados. Se diferenciaban claramente por clase, ocupación y residencia; por ejemplo, el «mercado agrícola» o el «negocio del transporte», ambos desaparecidos entre 1920 y 1940. Sin embargo, desde la Segunda Guerra Mundial, todos los países desarrollados han tenido sólo una cultura generalizada y un mercado generalizado. Ahora que las fuerzas demográficas de todos los países desarrollados tiran en direcciones opuestas, ¿sobrevivirá esa homogeneidad?

Los mercados del mundo desarrollado han estado dominados por los valores, costumbres y preferencias de la población joven. Algunas de las empresas de mayor éxito y rentabilidad del pasado medio siglo, como Coca-Cola y Procter & Gamble en Estados Unidos, Unilever en Gran Bretaña y Henckel en Alemania, deben su prosperidad, en gran medida, al aumento de la población joven y al alto índice de formación de familias entre 1950 y 2000. Lo mismo puede decirse de la industria del automóvil durante el mismo periodo.

El final del mercado único

Ahora hay indicios de que el mercado se está resquebrajando. En los servicios financieros, quizás el sector de más rápido crecimiento de Estados Unidos durante los últimos veinticinco años, esa ruptura ya se ha producido. El mercado burbuja de los 1990, con su frenético comercio diario en productos de alta tecnología, pertenecía principalmente a quienes tenían menos de cuarenta y cinco años. Pero los clientes de los mercados de inversiones, como los fondos mutuos o las rentas aplazadas, tienden a ser personas de más de cincuenta años y ese mercado también ha crecido a ritmo acelerado. El sector de más rápido crecimiento de cualquier país desarrollado puede resultar ser el de la educación continua para adultos con un alto nivel de educación, una educación que se basa en valores que son casi incompatibles con los de la cultura joven.

Pero también es concebible que algunos mercados jóvenes lleguen a ser extremadamente lucrativos. En las ciudades costeras de China, donde el gobierno ha logrado imponer su política de un único hijo, las familias de clase media gastan más en ese hijo único de lo que antes gastaban en sus cuatro o cinco hijos juntos. Esto parece ser igualmente cierto en Japón. Muchas familias de clase media estadounidense gastan mucho en la educación de su único hijo, principalmente trasladándose a barrios caros, en las afueras, con buenas escuelas. Pero ese nuevo mercado joven de lujo es bastante diferente del homogéneo mercado de masas de los últimos cincuenta años. Este último se está debilitando rápidamente debido a la disminución de jóvenes que alcanzan la edad adulta.

En el futuro habrá, casi con toda seguridad, dos fuerzas laborales distintas, formadas en líneas generales por los que tienen menos de cincuenta años, por un lado, y por los que superan esa edad, por el otro. Es probable que ambas fuerzas difieran notablemente en sus necesidades y conductas y en los trabajos que desempeñen. El grupo más joven necesitará unos ingresos constantes procedentes de un trabajo permanente o, por lo menos, de una sucesión de empleos a jornada completa. El grupo de más edad, cada vez más numeroso, tendrá muchas más opciones y podrá combinar trabajos tradicionales, trabajos no convencionales y ocio en la proporción que más le convenga.

Es probable que la separación entre las dos fuerzas laborales empiece con las mujeres tecnólogas del saber. Una enfermera, una técnica de ordenadores o una asistente legal puede dejar de trabajar durante quince años para cuidar de sus hijos y volver luego a un trabajo a jornada completa. Las mujeres, que ahora superan a los hombres en la educación superior, buscan cada vez más empleos en las nuevas tecnologías del saber. Esos trabajos son los primeros en la historia de la humanidad en adaptarse a las necesidades especiales de las mujeres como procreadoras y a su cada vez mayor longevidad. Esa longevidad es una de las razones de la fragmentación del mercado laboral. Una vida laboral de cincuenta años —algo sin precedentes en la historia— es sencillamente demasiado larga para una única clase de trabajo.

La segunda razón es una esperanza de vida cada vez menor para las empresas y las organizaciones de todo tipo. En el pasado, las organizaciones empleadoras sobrevivían a los empleados. En el futuro, los empleados, y en particular los trabajadores del saber, sobrevivirán incluso a las organizaciones que tienen éxito. Pocas empresas, ni siquiera los organismos o programas gubernamentales, duran más de treinta años. Antes, la duración de la vida laboral de la mayoría de empleados era de menos de treinta años porque los obreros manuales, en su mayoría, caían agotados. Pero los trabajadores del saber, que entran en el mercado de trabajo en la veintena, probablemente seguirán en buena forma física y mental cincuenta años más tarde.

La segunda carrera profesional y *la segunda mitad de la vida* se han convertido ya en expresiones de moda en Estados Unidos. De forma creciente, los empleados se jubilan anticipadamente, tan pronto como tienen garantizados sus derechos a una pensión y a la seguridad social para cuando alcancen la edad tradicional de retiro; pero no dejan de trabajar. Por el contrario, su «segunda carrera profesional» suele tomar una forma poco convencional. Quizá trabajen por su cuenta (y con frecuencia, se olviden de hablarle a Hacienda de ese trabajo, aumentando así sus ingresos netos) o a jornada parcial o como «eventuales» o para un contratista externo o como contratistas externos ellos mismos. Esa «jubilación anticipada para seguir trabajando» es particularmente corriente entre los trabajadores del saber, que siguen siendo minoría entre quienes cumplen ahora los cincuenta o los cincuenta y cinco años de edad, pero que, en Estados Unidos, formarán el grupo más numeroso de personas mayores, a partir del 2030.

Alerta ante los cambios demográficos

Las predicciones sobre población para los próximos veinte años pueden hacerse con cierta seguridad porque casi todos los que formarán parte de la fuerza laboral en el 2020 viven ya. Pero, como ha mostrado la experiencia de Estados Unidos en las dos últimas décadas, las tendencias demográficas pueden cambiar muy súbita e imprevisiblemente, con efectos bastante inmediatos. El *baby boom* de finales de la década de 1940, por ejemplo, disparó el auge de la vivienda de la década de 1950.

A mediados de la década de 1920, Estados Unidos vivió su primera caída de la natalidad. Entre 1925 y 1935 la tasa de natalidad disminuyó casi a la mitad, cayendo por debajo del índice de reposición de 2,2 niños vivos por mujer. A finales de la década de 1930, la *Commission on American Population* (Comisión para el estudio de la Población de Estados Unidos), del presidente Roosevelt (formada por los más eminentes demógrafos y estadísticos del país) predijo confiadamente que la población alcanzaría su nivel máximo en 1945 y luego empezaría a disminuir. Pero la explosiva tasa de natalidad de finales de la década de 1940 demostró que se equivocaban. En diez años, el número de hijos vivos por mujer se dobló, pasando de 1,8 a 3,6. Entre 1947 y 1957, Estados Unidos experimentó un asombroso *baby boom*. El número de recién nacidos saltó de 2,5 millones a 4,1 millones.

Luego, en 1960-1961, sucedió todo lo contrario. En lugar de la esperada segunda oleada de auge de la natalidad, cuando los primeros miembros de la generación del *baby boom* alcanzaran la edad adulta, se produjo un desplome enorme. Entre 1961 y 1975, la tasa de natalidad cayó de 3,7 a 1,8. El número de recién nacidos bajó desde 4,3 millones en 1960 a 3,1 millones en 1975. La siguiente sorpresa fue el «eco del *baby boom*» a finales de la década de 1980 y principios de la década de 1990. El número de nacidos vivos subió bruscamente, sobrepasando incluso las cifras de los años más altos del primer *baby boom*. Con el beneficio de la visión retrospectiva, ahora está claro que lo que disparó este eco fue la inmigración a gran escala, que empezó a principios de la década de 1970. Cuando las jóvenes nacidas de esos primeros inmigrantes empezaron a tener hijos, a finales de la década de 1980, su índice de natalidad seguía estando más cerca del imperante en el país de origen de sus padres que del propio del país de adopción. Una quinta parte de los niños en edad escolar de California, en la primera década de este siglo, tienen, por lo menos, un padre nacido en otro país.

Pero nadie sabe qué provocó las dos caídas de natalidad ni el auge de la década de 1940. Las dos caídas se produjeron cuando la economía iba bien, lo cual, en teoría, tendría que haber animado a la gente a tener muchos hijos. Y el *baby boom* no tendría que haberse producido, ya que la tasa de natalidad siempre había disminuido después de una gran guerra. La verdad es que no comprendemos qué determina ese índice de natalidad en las sociedades modernas. Por ello, la demografía será no sólo el factor más importante en la sociedad que viene, sino también el menos previsible y menos controlable.

◆ La nueva fuerza laboral

Hace un siglo, la abrumadora mayoría de la población de los países desarrollados efectuaba trabajos manuales; en la agricultura, en el servicio doméstico, en los pequeños talleres artesanales y (en aquel tiempo todavía una pequeña minoría) en las fábricas. Cincuenta años después, en Estados Unidos, la proporción de obreros manuales se había reducido casi a la mitad, pero los obreros de fábrica se habían convertido en la sección mayor de la fuerza laboral y representaban un 35% del total. Ahora, otros cincuenta años después, menos de una cuarta parte de los trabajadores de Estados Unidos se ganan la vida con un trabajo manual. Los obreros de fábrica siguen siendo mayoría entre los obreros manuales, pero representan sólo alrededor del 15% del total de la fuerza laboral, más o menos el mismo porcentaje que hace cien años.

De todos los grandes países desarrollados, Estados Unidos es el que tiene la proporción menor de obreros de fábrica en su fuerza laboral. Gran Bretaña lo sigue de cerca. En Japón y Alemania, la proporción sigue siendo de una cuarta parte, pero está disminuyendo rápidamente. Hasta cierto punto es una cuestión de definición. Los empleados encargados del procesamiento de datos de una empresa industrial, como Ford Motor Company, se cuentan como empleados de fabricación, pero cuando Ford externaliza su procesamiento de datos, las mismas personas, haciendo el mismo trabajo, quedan inmediatamente redefinidas como trabajadores de servicios. No obstante, no hay que dar una importancia excesiva a este hecho. Muchos estudios realizados sobre la industria han demostrado que la reducción en el número de personas que trabajan en fábrica es, aproximadamente, la misma que la que consta en las cifras nacionales.

Antes de la Segunda Guerra Mundial ni siquiera había un término para quienes se ganaban la vida de otra manera que no fuera el trabajo manual. El término *trabajador de servicios* se acuñó alrededor de 1920, pero ha resultado ser un tanto engañoso. En la actualidad, menos de la mitad de todos los trabajadores no manuales son, en realidad, trabajadores del sector de los servicios. El único grupo que crece rápidamente en Estados Unidos y en todos los países desarrollados es el de los «trabajadores del saber», personas cuyos trabajos exigen unos estudios reglamentados avanzados. Ese grupo representa ahora todo un tercio de la fuerza laboral del país, superando a los obreros de fábrica por dos a uno. Dentro de otros veinte años, aproximadamente, es probable que constituya cerca de los dos quintos de la fuerza laboral en todos los países ricos.

Los términos *industrias del saber*, *trabajo del saber* y *trabajador del saber* tienen sólo cuarenta años de existencia. Fueron acuñados alrededor de 1960, de forma simultánea, pero independiente; el primero por un economista de Princeton, Fritz Machlup, el segundo y el tercero por quien les habla. Ahora todo el mundo los usa, pero todavía apenas nadie comprende lo que implican para la conducta y los valores humanos, para dirigir a las personas y hacer que sean productivas, para la economía y la política. No obstante, lo que sí está claro es que las emergentes sociedad y economía del saber serán radicalmente diferentes de la sociedad y la economía de finales del siglo XX, en los siguientes aspectos:

Primero, los trabajadores del saber, colectivamente, son los nuevos capitalistas. El saber se ha convertido en el recurso clave y en el único que es escaso. Esto significa que los trabajadores del saber son, colectivamente, dueños de los medios de producción. Pero como grupo, son también capitalistas en el viejo sentido; por medio de su participación en los fondos de pensiones y fondos mutuos, se han convertido en los accionistas mayoritarios y propietarios de muchas grandes empresas de la sociedad del saber.

El saber eficaz es especializado. Eso significa que los trabajadores del saber necesitan tener acceso a una organización; un colectivo que reúna una serie de trabajadores del saber y aplique sus diferentes especialidades a un producto final común. El profesor de matemáticas más dotado de una escuela secundaria sólo es efectivo como miembro del cuerpo docente. El asesor más brillante en desarrollo de productos sólo es efectivo si hay una empresa organizada y competente que ponga en práctica sus consejos. El más grande diseñador de *software* necesita de alguien que produzca *hardware.* Y viceversa, la escuela secundaria necesita al profesor de matemáticas, la empresa necesita al experto en desarrollo de productos y el fabricante de ordenadores necesita al programador de *software.* Por lo tanto, los trabajadores del saber se ven a sí mismos como iguales a quienes contratan sus servicios, como «profesionales» más que como «empleados». La sociedad del saber es una sociedad de *seniors* y *juniors* más que de jefes y subordinados.

Ellos y ellas

Todo esto tiene unas importantes repercusiones en el papel de las mujeres en la fuerza laboral. En el pasado, su participación en el mundo del trabajo siempre ha igualado a la de los hombres. La señora ociosa, sentada en su salón, era la más rara de las excepciones, incluso en la rica sociedad del siglo XIX. Una granja, el negocio de un artesano o una pequeña tienda exigía el trabajo de la pareja para ser viable. Incluso a principios del siglo XX, un médico no abría su consulta hasta después de casarse; necesitaba una esposa para dar horas, abrir la puerta, anotar el historial del paciente y enviar las facturas.

Pero aunque las mujeres siempre han trabajado, desde tiempos inmemoriales los trabajos que han hecho han sido diferentes de los de los hombres. Había un trabajo de hombres y un trabajo de mujeres. En la Biblia, un número incontable de mujeres, pero ni un solo hombre, va al pozo a buscar agua. Nunca ha existido un hombre hilandero. En cambio, el trabajo del saber es *unisex*, no debido a la presión feminista sino porque ambos sexos pueden hacerlo igualmente bien. Sin embargo, los primeros trabajos del saber modernos fueron diseñados sólo para uno o para otro sexo. La enseñanza como profesión fue inventada en 1794, el año en que se fundó la *École Normale* de París y se entendía estrictamente como tarea de hombres. Sesenta años más tarde, durante la Guerra de Crimea de 1853-1856, Florence Nightingale fundó la segunda profesión del saber, la enfermería, que se consideró un trabajo exclusivamente de mujeres. Pero hacia 1850, en todas partes, la enseñanza se había convertido en *unisex* y en el año 2000, en Estados Unidos, las dos quintas partes de los estudiantes de enfermería eran hombres.

No hubo médicas en Europa hasta la década de 1890, pero, según dicen, una de las primeras mujeres que se doctoró en medicina, la gran educadora italiana Maria Montessori, dijo: «No soy una mujer médico; soy un médico que da la casualidad de que es mujer». La misma lógica se aplica a todo el trabajo del saber. Los trabajadores del saber, cualquiera que sea su sexo, son profesionales, aplican los mismos conocimientos, hacen el mismo trabajo, se rigen por los mismos principios y son juzgados por los mismos resultados.

Los trabajadores de un saber de alto nivel, como los médicos, los abogados, los científicos, los clérigos y los profesores, llevan mucho tiempo ahí, aunque su número ha crecido exponencialmente en los últimos cien años. No obstante, el grupo más numeroso de trabajadores del saber apenas existía hasta principios del siglo XX y sólo despegó después de la Segunda Guerra Mundial. Son los técnicos del saber, personas que hacen buena parte de su trabajo con las manos (y en ese sentido son los sucesores de los trabajadores especializados), pero cuyo salario está determinado por los conocimientos que tienen en la cabeza, adquiridos por medio de una enseñanza reglamentaria en lugar de mediante el aprendizaje. Entre ellos están los técnicos de rayos X, los fisioterapeutas, los especialistas en ultrasonidos, los psicólogos de la asistencia social, los técnicos dentales y muchos otros. En los últimos treinta años, los técnicos de la medicina han sido el segmento de más rápido crecimiento en la fuerza laboral de Estados Unidos y, probablemente, también de Gran Bretaña.

En los próximos veinte o treinta años, es probable que el número de técnicos del saber en ordenadores, fabricación y educación crezca aún más rápidamente. Los técnicos de oficina, por ejemplo, los pasantes de un bufete legal, también proliferan. Y no es casualidad que la «secretaria» de ayer se esté transformando rápidamente en «ayudante» al convertirse en quien organiza la oficina y el trabajo del jefe. Dentro de dos o tres décadas, los técnicos del saber serán el grupo dominante de la fuerza laboral en todos los países desarrollados y ocuparán la misma posición que los trabajadores de fábrica sindicados ocupaban en el momento de su máximo poder en las décadas de 1950 y 1960.

Lo más importante de estos trabajadores del saber es que no se identifican como «trabajadores», sino como «profesionales». Muchos de ellos pasan mucho tiempo haciendo trabajos no especializados; por ejemplo, alisando la cama de un paciente, contestando el teléfono o archivando. No obstante, lo que les identifica, tanto en su mente como en la del público, es la parte de su labor que entraña poner a trabajar su saber académico. Eso los convierte en trabajadores del saber con todas las de la ley.

Esos trabajadores tienen dos necesidades básicas; para empezar, una educación reglamentada que les permita entrar en un trabajo del saber y una educación continua a lo largo de toda su vida laboral, para mantener al día sus conocimientos. Todos los viejos profesionales del saber de alto nivel, como médicos, clérigos y abogados, han tenido a su disposición una educación oficial desde hace muchos siglos, pero hasta ahora, sólo hay unos cuantos países que proporcionen una preparación organizada y sistemática para los técnicos del saber. A lo largo de las próximas décadas, en todos los países desarrollados y en vías de desarrollo, aumentarán rápidamente las instituciones educativas destinadas a preparar a esos técnicos, del mismo modo que, en el pasado, siempre aparecieron nuevas instituciones para responder a nuevas necesidades. Lo diferente en esta ocasión es la necesidad de una educación continua para unos adultos bien preparados y muy cultos. La enseñanza solía acabar cuando empezaba el trabajo. En la sociedad del saber, no acaba nunca.

El saber es diferente de las destrezas tradicionales, que cambian muy lentamente. Un museo cerca de Barcelona, en España, contiene un gran número de herramientas manuales utilizadas por los artesanos especializados de finales del imperio romano que cualquier artesano de hoy reconocería al instante, porque son muy similares a las que se siguen usando actualmente. Por lo tanto, a los efectos de una formación especializada, era razonable suponer que cualquier cosa aprendida antes de los diecisiete o dieciocho años duraría toda la vida.

A la inversa, el saber queda rápidamente desfasado y los trabajadores del saber tienen que volver a la escuela regularmente. Por todo ello, la educación continua de unos adultos que tienen ya un alto nivel de educación será un sector de rápido crecimiento en la sociedad que viene. Pero, en su mayor parte, será impartida por medios no tradicionales, que irán desde seminarios de fin de semana a programas de formación on line y en muchos lugares diferentes, desde una universidad tradicional a la casa del alumno. La Revolución de la Información, que se espera que tenga un efecto enorme sobre la educación y las escuelas y universidades tradicionales, lo tendrá, probablemente, aún mayor en la educación continuada de los trabajadores del saber.

Los trabajadores del saber, de cualquier tipo, tienden a identificarse con su campo de saber. Se presentan diciendo «Soy antropólogo» o «Soy psicoterapeuta». Tal vez se sientan orgullosos de la organización para la que trabajan, sea una empresa, una universidad o un organismo del gobierno, pero «trabajan en una organización»; no «pertenecen a ella». Es probable que la mayoría sienta que tienen más en común con alguien que practica su misma especialidad en otra institución que con los compañeros de su propia institución que trabajan en otro campo del saber.

Aunque la aparición del saber como recurso importante significa, cada vez más, especialización, los trabajadores del saber no son nada estáticos dentro de su especialidad. No dan ninguna importancia a trasladarse de una universidad, una empresa o un país a otros, siempre que sigan dentro del mismo campo de saber. Se habla mucho de tratar de restablecer la lealtad de los trabajadores del saber hacia la organización que los emplea, pero esos esfuerzos no llevarán a ninguna parte. Puede que los trabajadores del saber tengan apego a una organización y se sientan cómodos en ella, pero es probable que, en primer lugar, sean leales a su rama especializada de saber.

El saber no es jerárquico. Es relevante en una situación dada o no lo es. Un cirujano especializado en operaciones a corazón abierto quizá esté mucho mejor pagado que, digamos, un logopeda y goce de una posición social mucho más alta; sin embargo, si una situación dada exige la rehabilitación de la víctima de una apoplejía, entonces, en ese caso, los conocimientos del segundo serán muy superiores a los del primero. Por esa razón, los trabajadores del saber de todo tipo se ven no como subordinados, sino como profesionales que esperan ser tratados como tales.

El dinero es tan importante para los trabajadores del saber como para cualquiera, pero no lo aceptan como criterio definitivo ni tampoco como sustituto del rendimiento y de los logros profesionales. En un marcado contraste con los trabajadores del pasado, para quienes un empleo era sobre todo un medio de ganarse la vida, la mayoría de trabajadores del saber ven su empleo como su vida.

Siempre hacia arriba

La sociedad del saber es la primera sociedad humana donde la movilidad ascendente es potencialmente ilimitada. El saber difiere de todos los demás medios de producción en que no puede heredarse o legarse. Cada individuo tiene que adquirirlo de nuevo y cada uno empieza con la misma ignorancia total.

Al saber hay que darle una forma que posibilite su enseñanza, lo cual significa que tiene que ser público. Siempre es accesible de forma universal o llega a serlo rápidamente. Todo esto hace que la sociedad del saber sea una sociedad de una gran movilidad. Cualquiera puede adquirir cualesquiera conocimientos en una escuela, por medio de un proceso de aprendizaje codificado, en lugar de sirviendo como aprendiz junto a un maestro.

Hasta 1850 o quizás incluso hasta 1900, había una escasa movilidad en cualquier sociedad. El sistema de castas de la India, en el cual el nacimiento determina no sólo la posición social de cada individuo, sino también su ocupación, era sólo un caso extremo. También en la mayoría de las otras sociedades si el padre era campesino, el hijo era campesino y las hijas se casaban con campesinos. En general, la única movilidad era hacia abajo, provocada por la guerra o la enfermedad, la desgracia personal o los malos hábitos, como la bebida o el juego.

Incluso en Estados Unidos, la tierra de las oportunidades sin límite, había mucha menos movilidad hacia arriba de lo que se suele creer. La enorme mayoría de profesionales y dirigentes de este país en la primera mitad del siglo XX eran hijos de profesionales y dirigentes y no de granjeros, pequeños tenderos o trabajadores de fábrica. Lo que distinguía a Estados Unidos no era el grado de movilidad hacia arriba sino, en marcado contraste con la mayoría de países europeos, la forma en que se aplaudía, animaba y valoraba ese ascenso.

La sociedad del saber lleva esta aprobación mucho más lejos y considera que cualquier cosa que impida esa movilidad es una forma de discriminación. Esto implica que ahora se espera que todo el mundo sea un «triunfador», una idea que habría parecido ridícula a las generaciones anteriores. Naturalmente, sólo un número ínfimo de personas puede alcanzar un éxito destacado; pero se espera que un gran número logre un éxito adecuado.

En 1958, John Kenneth Galbraith escribió sobre la «sociedad del bienestar». No era una sociedad con muchos más ricos ni en la que los ricos lo fueran más, sino una sociedad en la cual la mayoría podían sentirse económicamente seguros. En la sociedad del saber, un gran número de personas, quizás incluso la mayoría, tienen algo aún más importante que la seguridad económica; tienen prestigio social o «bienestar social».

El precio del éxito

No obstante, esa movilidad hacia arriba tiene un alto precio; las presiones psicológicas y los traumas emocionales de una frenética competitividad. Para que haya ganadores tiene que haber perdedores. Esto no era así en las anteriores sociedades. El hijo de un campesino sin tierra, que era, también él, un campesino sin tierra no era un fracasado. Sin embargo, en la sociedad del saber, no sólo es un fracasado, sino, además, un fracaso de la sociedad.

Los jóvenes japoneses sufren de carencia de sueño porque pasan las noches en una academia donde se someten a una preparación intensiva para aprobar sus exámenes. De lo contrario, no lograrán entrar en la universidad de prestigio que elijan ni conseguirán, por lo tanto, un buen empleo. Estas presiones crean hostilidad hacia la enseñanza. También amenazan con socavar la valorada igualdad económica de Japón y convertirlo en una plutocracia, porque sólo los padres adinerados pueden permitirse el coste prohibitivo de preparar a sus hijos para la universidad. En otros países, como Estados Unidos, Gran Bretaña y Francia, están dejando igualmente que sus escuelas se vuelvan despiadadamente competitivas. Que esto se haya producido en un espacio de tiempo tan corto —no más de treinta o cuarenta años— indica lo profundamente que el miedo al fracaso ha penetrado en la sociedad del saber.

Dada esta pugna competitiva, un número creciente de trabajadores del saber que han alcanzado un gran éxito —directores de empresa, profesores universitarios, directores de museos, médicos— se detienen en una «meseta» hacia los cuarenta años. Saben que han alcanzado todo lo que van a alcanzar. Si su trabajo es lo único que tienen, están en apuros. Por lo tanto, los trabajadores del saber necesitan forjar, preferentemente cuando todavía son jóvenes, una vida y una comunidad propias no competitivas y algún interés serio ajeno a su trabajo, sea trabajar como voluntarios para la comunidad, tocar en una orquesta o tomar parte activa en el gobierno local de una pequeña ciudad. Este interés externo les dará la oportunidad de hacer una aportación personal y realizarse.

◆ La paradoja de la industria

En los últimos años del siglo XX, el precio mundial del producto más importante de la industria del acero —el acero para las carrocerías de automóviles— cayó en picado, desde 460 dólares a 260 dólares la tonelada. Sin embargo, eran años de auge económico en Estados Unidos y una época de prosperidad en la mayor parte de Europa continental, y la producción de automóviles alcanzaba nuevos récords. La experiencia de las acerías es típica de la industria en su conjunto. Entre 1969 y 1999, en Estados Unidos, la cuota de la industria, tanto en el PIB como en el empleo total, se redujo aproximadamente a la mitad, quedando en un 15%. Sin embargo, en los mismos cuarenta años, la producción física industrial se dobló o triplicó. En 1960, la industria era el centro de la economía del país y de todos los demás países desarrollados. Para el año 2000, quedaba fácilmente desbancada, como contribuyente al PIB, por el sector financiero.

El poder relativo de compra de los bienes manufacturados (lo que los economistas llaman términos comerciales) ha caído en tres cuartas partes en los últimos cuarenta años. Mientras que los precios de fabricación, ajustados según la inflación, han bajado en un 40%, los de los dos principales productos del saber, la atención sanitaria y la educación, han subido tres veces más rápido que la inflación. Por lo tanto, en el 2000, eran necesarias cinco veces más unidades de bienes manufacturados para comprar los principales productos del saber que cuarenta años antes.

El poder de compra de los trabajadores industriales también ha bajado, aunque mucho menos que el de sus productos. Su productividad ha subido tanto que han conservado la mayor parte de sus ingresos reales. Cuarenta años atrás, los costes laborales en la industria solían representar alrededor del 30% del total de los costes de fabricación; ahora están generalmente entre el 12 y el 15%. Incluso en el sector del automóvil que, dentro de las industrias de ingeniería, sigue siendo el que tiene un coeficiente más alto de mano de obra, los costes de fabricación de las plantas más avanzadas no superan el 20%. Los trabajadores de fábrica, especialmente en Estados Unidos, han dejado de ser la columna vertebral del mercado de consumo. En el punto álgido de la crisis del «cinturón de la chatarra», cuando se recortó sin piedad el empleo en los grandes centros industriales, las ventas nacionales de bienes de consumo apenas cambiaron.

Lo que ha cambiado la industria y ha impulsado fuertemente hacia arriba la productividad son las nuevas ideas. La información y la automatización son menos importantes que las nuevas teorías de fabricación, que representan un avance comparable al advenimiento de la producción a gran escala ochenta años atrás. En realidad, algunas de esas teorías, como la «fabricación adelgazada» de Toyota, eliminan los robots, los ordenadores y la automatización. Un ejemplo, al que se ha dado mucha publicidad, es el de la sustitución de las cadenas de secado de pintura de esta empresa, automatizadas e informatizadas, por media docena de secadores de pelo comprados en un supermercado.

La industria está siguiendo exactamente el mismo camino que la agricultura recorrió antes. Empezando en 1920 y acelerándose después de la Segunda Guerra Mundial, la producción agrícola se disparó en todos los países desarrollados. Antes de la Primera Guerra Mundial, muchos países de Europa Occidental tenían que importar productos agrícolas. Ahora sólo queda un país importador neto en ese campo: Japón. Todos y cada uno de los países europeos tienen ahora grandes excedentes agrícolas, cada vez más invendibles. En términos cuantitativos, la producción agrícola en la mayoría de países desarrollados es probablemente, como mínimo, cuatro veces superior a 1920 y tres veces la que era en 1950 (salvo en Japón). Pero mientras que, al principio del siglo XX, los agricultores eran el grupo más numeroso de la población laboral en la mayoría de países desarrollados, ahora no representan más del 3% en cualquier país desarrollado. Y mientras que a principios del siglo XX, la agricultura era el sector que más aportaba a la renta nacional en la mayoría de esos países, en 2000, en Estados Unidos, aportó menos del 2% al PIB.

Es improbable que la industria aumente su producción en términos de volumen tanto como hizo la agricultura o que se reduzca tanto como productora de riqueza y empleo, pero la previsión más creíble para el año 2020 indica que la producción industrial de los países desarrollados se doblará, como mínimo, mientras que el empleo industrial se reducirá hasta quedar entre el 10 y el 12% del total de la fuerza laboral.

En Estados Unidos, la transición ya se ha cumplido, en gran medida, y con un mínimo de trastornos. El único grupo que ha resultado muy afectado ha sido el de los afroamericanos, a quienes el aumento de puestos de trabajo en la industria después de la Segunda Guerra Mundial ofreció un rápido progreso, unos puestos que ahora han caído en picado. Pero, en general, incluso en lugares que dependían fuertemente de unas cuantas grandes plantas industriales, el desempleo sólo siguió siendo alto durante un corto espacio de tiempo. Incluso las repercusiones políticas han sido mínimas.

Pero, ¿tendrán un paso igualmente fácil otros países industriales? En Gran Bretaña, el empleo industrial ya ha bajado bruscamente sin causar disturbios, aunque parece haber provocado problemas psicológicos y sociales, pero ¿qué pasará en países como Alemania o Francia, donde los mercados laborales siguen siendo rígidos y donde, hasta fechas muy recientes, ha habido poca movilidad ascendente por medio de la educación? Estos países tienen ya un desempleo importante y, al parecer, sin solución, por ejemplo en el Ruhr alemán y en la vieja zona industrial alrededor de Lille, en Francia. Quizá se enfrenten a una dolorosa transición con graves trastornos sociales.

El mayor interrogante es Japón. Por supuesto, no tiene una cultura de clase obrera y hace tiempo que aprecia el valor de la educación como instrumento de movilidad ascendente, pero la estabilidad social del país se basa en la seguridad de empleo, especialmente para los obreros de la gran industria manufacturera, y esa estabilidad está disminuyendo rápidamente. Sin embargo, antes de que la seguridad del empleo fuera introducida para los obreros de fábrica en la década de 1950, Japón era un país de extrema turbulencia laboral. La cuota de la industria en el total de puestos de trabajo sigue siendo más alta que en casi cualquier otro país desarrollado —en torno a una cuarta parte del total— y Japón no tiene prácticamente mercado laboral y cuenta con muy poca movilidad laboral.

También psicológicamente el país está muy poco preparado para el declive de la industria. Después de todo, debe su ascenso a la posición de gran potencia económica, en la segunda mitad del siglo XX, a haberse convertido en el máximo virtuoso mundial de la industria. Nunca se debe subestimar a los japoneses. A lo largo de su historia, han mostrado una capacidad sin parangón para hacer frente a la realidad y cambiar prácticamente de la noche a la mañana. Pero el declive de la industria como clave del éxito económico enfrenta a Japón a uno de los mayores retos que se le han planteado nunca.

Ese declive de la industria como productora de riqueza y puestos de trabajo cambia el panorama económico, social y político mundial. Hace que los «milagros económicos» sean cada vez más difíciles de conseguir para los países en vías de desarrollo. Los milagros económicos de la segunda mitad del siglo XX —Japón, Corea del Sur, Taiwan, Hong Kong, Singapur— se basaban en la exportación a los países ricos de bienes manufacturados producidos con la tecnología y productividad de los países desarrollados, pero con los costes laborales de un país en vías de desarrollo. Esto ya no va a funcionar.

Un medio para generar desarrollo económico puede ser integrar la economía de un país en vías de desarrollo en una región desarrollada, que es lo que Vicente Fox, el presidente de México, tiene en mente con su propuesta para la total integración de «Norteamérica», es decir, Estados Unidos, Canadá y México. Económicamente, esto tiene mucho sentido, pero políticamente es casi impensable. La alternativa —que persiguen en China— es tratar de alcanzar el crecimiento económico acrecentando el mercado interno de un país en vías de desarrollo. India, Brasil y México tienen también unas poblaciones lo bastante numerosas para hacer que el desarrollo económico basado en el mercado interno sea viable, por lo menos en teoría, pero ¿se permitirá que países más pequeños, como Paraguay o Tailandia, exporten a los grandes mercados de países en vías de desarrollo como, por ejemplo, Brasil?

El declive de la industria como creadora de riqueza y puestos de trabajo acarreará, inevitablemente, un nuevo proteccionismo, repitiéndose una vez más lo que sucedió antes con la agricultura. Por cada 1% de disminución en los precios y empleo agrícolas durante el siglo XX, las subvenciones y la protección a la agricultura, en todos los países desarrollados, incluido Estados Unidos, han aumentado en, por lo menos, otro 1%, y con frecuencia más. Y cuanto menos agricultores votantes hay, más importante se convierte el «voto agrícola». Al reducirse su número, los agricultores se han convertido en un grupo de interés especial que tiene un peso desproporcionado en todos los países ricos.

El proteccionismo en la industria es algo ya manifiesto, aunque tiende a adoptar la forma de subsidios en lugar de los aranceles tradicionales. Ciertamente, los nuevos bloques económicos regionales, como la Unión Europea, el NAFTA, o Mercosur, crean grandes mercados regionales con barreras más altas contra los productores de fuera. Y están surgiendo constantemente barreras no arancelarias de todo tipo. En la misma semana en que la prensa de Estados Unidos anunciaba una caída del 40% en los precios del acero en plancha, el gobierno prohibía la importación de ese producto diciendo que se trataba de *dumping* (inundación del mercado con productos de bajo precio). Y por muy laudables que sean sus objetivos, la insistencia de los países desarrollados en que haya leyes laborales justas y unas normas medioambientales adecuadas para las industrias del mundo en vías de desarrollo actúa como una poderosa barrera contra la importación de productos de esos países.

A menor número, mayor influencia

También políticamente, la industria ha ganado influencia conforme se reduce el número de trabajadores, especialmente en Estados Unidos. En las últimas elecciones presidenciales, el voto obrero fue más importante que cuarenta o cincuenta años atrás, precisamente porque el número de miembros de los sindicatos había disminuido tanto respecto al total de la población con derecho a voto. Al sentirse amenazados, han cerrado filas. Hace unas pocas décadas, una importante minoría de sindicalistas votaba a los republicanos, pero en la elección del año pasado, se cree que más del 90% de los miembros de los sindicatos votaron a los demócratas (aunque su candidato perdió).

Durante más de cien años, los sindicatos de Estados Unidos han sido unos decididos defensores del libre comercio, por lo menos, en su retórica, pero en los últimos años, se han vuelto acérrimos proteccionistas y declarados enemigos de la «globalización». No importa que la auténtica amenaza para los puestos de trabajo en la industria no sea la competencia del exterior, sino su rápido declive como creadora de trabajo. Les resulta sencillamente incomprensible que la producción industrial aumente mientras los puestos de trabajo disminuyen y no sólo a los sindicalistas, sino también a los políticos, periodistas, economistas y al público en general. La mayoría continúa creyendo que cuando los puestos de trabajo disminuyen, la base industrial del país está en peligro y tiene que ser protegida. Les resulta enormemente difícil aceptar que, por vez primera en la historia, la sociedad y la economía ya no están dominadas por el trabajo manual y que un país puede alimentarse, alojarse y vestirse con sólo una pequeña minoría de su población ocupada en ese trabajo.

El nuevo proteccionismo se ve impulsado tanto por la nostalgia y un sentimiento profundamente arraigado como por el interés económico y el poder político. Sin embargo, no logrará nada, porque «proteger» a unas industrias que envejecen no funciona. Esta es la clara lección que nos enseñan setenta años de subvenciones a la agricultura. Los viejos cultivos —maíz, trigo, algodón—, en los cuales Estados Unidos ha inyectado innumerables miles de millones desde la década de 1930, han tenido malos resultados, mientras que otros cultivos no protegidos ni subvencionados —como la soja— han prosperado. La lección es clara: Las medidas que animan a sectores viejos a aferrarse a personas superfluas sólo pueden causar perjuicios. Cualquier dinero que se gaste debería ir, por el contrario, a subsidiar los ingresos de los trabajadores despedidos de más edad y a dar nueva formación y orientación a los más jóvenes.

◆ ¿Sobrevivirá la corporación?

Durante la mayor parte del tiempo desde que, en 1870, se inventó la gran sociedad mercantil, se ha dado por supuesto que podían aplicársele los cinco puntos siguientes:

1. La corporación es el «amo», el empleado, el «siervo». Como la corporación es la dueña de los medios de producción sin los cuales el empleado no podría ganarse la vida, éste la necesita más de lo que ella lo necesita a él.

2. La gran mayoría de empleados trabajan a jornada completa para la corporación. El salario que reciben por su trabajo es su única fuente de ingresos y su medio de vida.
3. La manera más eficaz de producir algo es reunir bajo una única dirección tantas de las actividades necesarias para sacar un producto como sea posible.

   La teoría que sustenta estas ideas no fue elaborada hasta después de la Segunda Guerra Mundial, por Ronald Coase, un economista angloestadounidense, que defendía que reunir las actividades en una única compañía reduce los «costes transaccionales» y, especialmente, el coste de las comunicaciones (una teoría por la que recibió el Premio Nobel de Economía en 1991). Pero la idea misma había sido descubierta y puesta en práctica setenta u ochenta años antes por John D. Rockefeller, quien vio que aunar exploración, producción, transporte, perfeccionamiento y venta en una única estructura corporativa daba como resultado el funcionamiento más eficiente y de más bajo coste posible. Sobre esta idea construyó la Standard Oil Trust, probablemente la empresa de gran tamaño más rentable de la historia de los negocios.

   El concepto fue llevado al extremo por Henry Ford, a principios de la década de 1920. La Ford Motor Company no sólo producía todas las piezas del automóvil y las montaba, sino que, además, fabricaba su propio acero, su propio vidrio y sus propios neumáticos. Era la propietaria de las plantaciones amazónicas donde crecían los árboles del caucho, era la propietaria y gestionaba el ferrocarril que llevaba los suministros a la fábrica y se llevaba los coches acabados producidos en ella y, con el tiempo, planeaba vender y encargarse del mantenimiento de los coches Ford, aunque nunca llegó a hacerlo.
4. Los proveedores y, especialmente, los fabricantes tienen poder de mercado porque disponen de una información sobre un producto o un servicio que el cliente no tiene ni puede tener, ni tampoco necesita si confía en la marca. Esto explica la rentabilidad de las marcas.
5. A una tecnología particular, cualquiera que sea, le corresponde uno, y sólo un, sector industrial, y a la inversa, a un sector indus-

trial particular, cualquiera que sea, le corresponde una, y sólo una, tecnología.

Esto significa que toda la tecnología necesaria para fabricar acero es peculiar de la industria del acero y, a la inversa, que cualquier tecnología que se use para fabricar acero procede de la propia industria del acero. Lo mismo es aplicable a la industria papelera, a la agricultura, la banca o el comercio.

Partiendo de este supuesto se fundaron los laboratorios de investigación industrial, empezando por el de Siemens, puesto en marcha en Alemania en 1869, y acabando por el de IBM, el último de los grandes laboratorios tradicionales, fundado en Estados Unidos en 1952. Cada uno de ellos se concentraba en la tecnología necesaria para un único sector industrial y cada uno suponía que sus descubrimientos se aplicarían en ese sector.

De forma similar, todo el mundo daba por sentado que cada producto o servicio tenía una aplicación específica y que, para cada aplicación, había un producto o material específicos. Así pues, la cerveza y la leche se vendían únicamente en botellas de vidrio; la carrocería de los coches se hacía sólo de acero; el capital circulante para una empresa le era suministrado por un banco comercial por medio de un préstamo comercial, y así sucesivamente. Por lo tanto, la competencia se producía, principalmente, dentro de un sector. Por lo general, era obvio cuál era el negocio y cuáles los mercados de una compañía dada.

Cada cosa en su sitio

Todos estos supuestos siguieron siendo válidos durante un siglo entero, pero a partir de 1970, todos y cada uno de ellos han acabado patas arriba. La lista es ahora como sigue:

1. Los medios de producción son los conocimientos, que son propiedad de los trabajadores del saber y que son portátiles en grado sumo. Esto es aplicable por igual a trabajadores con unos conocimientos de muy alto nivel, como a investigadores científicos y

técnicos del saber, como, por ejemplo, los fisioterapeutas, los técnicos informáticos y los pasantes de un bufete legal. Los trabajadores del saber proporcionan «capital» en igual medida que el proveedor de dinero. Los dos son mutuamente dependientes. Esto hace que el trabajador del saber sea un igual; un asociado o un socio.

2 Muchos empleados, quizás una mayoría, seguirán teniendo empleos de jornada completa con un salario que representa sus únicos o sus principales ingresos, pero para un número cada vez mayor de quienes trabajan para una organización, no será ése el caso, sino que trabajarán a jornada parcial, serán eventuales, consultores o contratistas. Incluso entre los que sí tengan un trabajo a jornada completa, un número importante y creciente quizá no sean empleados de la organización para la que trabajan, sino empleados de, por ejemplo, un contratista externo.

3. Siempre hubo límites a la importancia de los costes transaccionales. La Ford Motor Company de Henry Ford, que lo incluía todo, demostró ser ingobernable y acabó en desastre. Pero ahora el axioma tradicional de que una empresa debe aspirar a la máxima integración ha quedado invalidado casi por completo. Una de las razones es que los conocimientos necesarios para cualquier actividad se han vuelto muy especializados. Es, por lo tanto, cada vez más caro y también cada vez más difícil mantener la suficiente masa crítica para cada tarea importante dentro de la empresa. Y como el saber se deteriora rápidamente a menos que se use constantemente, mantener, dentro de una organización, una actividad que sólo se utiliza esporádicamente es una garantía de incompetencia.

La segunda razón de que ya no sea necesaria la máxima integración es que los costes de las comunicaciones han bajado tan rápidamente que se han vuelto insignificantes. Este declive empezó mucho antes de la Revolución de la Información. Quizá su causa de más peso fuera el crecimiento y la difusión de la «alfabetización» empresarial. Cuando Rockefeller construyó su Standard Oil Trust, tuvo grandes dificultades para encontrar personas que conocieran incluso la teneduría de libros más elemental o hubieran oído los términos empresariales más comunes. En aquel tiempo, no había libros de texto ni cursos empresariales, así que los costes transaccionales de hacerse entender eran extremadamente altos. Sesenta años más tarde, hacia 1950 ó 1960, las grandes compañías petroleras que sucedieron a la Standard Oil Company podían suponer con toda confianza que sus empleados de mayor nivel tenían instrucción empresarial.

Ahora la nueva tecnología de la información —Internet y el correo electrónico— han eliminado prácticamente los costes físicos de las comunicaciones. Esto significa que la manera más productiva y provechosa de organizarse es desintegrarse. Es algo que se está extendiendo a un número cada vez mayor de actividades. Externalizar la gestión de la tecnología de la información, el procesamiento de datos y el sistema informático de una institución es algo corriente. A principios de la década de 1990, la mayoría de firmas de servicios informáticos de Estados Unidos, por ejemplo Apple, externalizaban incluso la producción de su *hardware,* encargándosela a los fabricantes de Japón o Singapur. A finales de los 1990, prácticamente todas las compañías de aparatos electrónicos de consumo devolvían el cumplido externalizando la fabricación de sus productos para el mercado de Estados Unidos y dejándola en manos de los fabricantes contratistas estadounidenses.

En los últimos años, toda la administración de los recursos humanos de más de dos millones de trabajadores estadounidenses —su contratación, despido, formación, prestaciones y subsidios, etcétera— ha sido contratada a unas organizaciones laborales externas y profesionales. Este sector, que apenas existía hace diez años, crece ahora a un ritmo del 30% anual. Originalmente, se concentraba en compañías de tamaño pequeño o mediano, pero la mayor de ellas, Exult, fundada sólo en 1998, gestiona ahora las cuestiones laborales de una serie de compañías de la lista Fortune 500, entre ellas BP, un gigante británico-estadounidense del petróleo, y Unysis, un fabricante de ordenadores. Según un estudio realizado por McKinsey, una consultoría que externalice la gestión de sus relaciones laborales de esta manera puede ahorrar hasta el 30% del coste y, además, aumentar la satisfacción de los empleados.

4. Actualmente, el cliente tiene la información. Hasta ahora, Internet carece del equivalente a un listín telefónico que haga que a los usuarios les resulte fácil encontrar lo que buscan. Todavía es necesario picotear aquí y allí e ir de caza. Pero la información está en algún sitio en la red y están surgiendo rápidamente empresas de búsqueda dispuestas a encontrarla por un precio. Quienquiera que tenga la información tiene el poder. Así pues, el poder se está desplazando al consumidor, sea éste otra empresa o el usuario final. Específicamente, eso significa que el proveedor, por ejemplo el fabricante, dejará de ser un vendedor para convertirse en alguien que se encarga de comprar para el consumidor. Es algo que ya está sucediendo.

   No hace mucho, General Motors (GM), todavía el mayor fabricante del mundo y durante muchos años la organización vendedora de más éxito, anunció la creación de una importante empresa que compraría para el usuario final del automóvil. Aunque propiedad de GM, esta empresa será autónoma y comprará no sólo coches de General Motors, sino cualquier otra marca y modelo que encaje mejor en las preferencias, los valores y la cartera del consumidor.

5. Por último, ya no quedan apenas tecnologías exclusivas. Cada vez más, los conocimientos necesarios en un sector dado proceden de alguna tecnología totalmente diferente con la cual, muy frecuentemente, la gente de ese sector no está familiarizada. En el sector telefónico, nadie sabía nada de cables de fibra de óptica. Los creó una compañía vidriera, Corning. A la inversa, más de la mitad de los inventos importantes desarrollados desde la Segunda Guerra Mundial por el más productivo de los laboratorios de investigación, los Bell Laboratories, han encontrado sus principales aplicaciones fuera de la industria telefónica.

   El invento más significativo de los Bell Laboratories en los últimos cincuenta años ha sido el transistor, que engendró la moderna industria electrónica. Pero la compañía telefónica no le vio mucha utilidad a este nuevo y revolucionario artilugio y, prácticamente, se lo regalaba a cualquiera que se lo pidiera, lo cual hizo que Sony, y con ella los japoneses, entraran en el negocio de los aparatos electrónicos de consumo.

¿Quién necesita un laboratorio de investigación?

Los directores de investigación, así como los industriales dedicados a la alta tecnología, tienden a creer ahora que el laboratorio de investigación propiedad de la compañía, esa orgullosa invención del siglo XIX, ha quedado desfasado.

Esto explica por qué, cada vez más, la creación y el crecimiento de un negocio tienen lugar no dentro de la propia corporación, sino por medio de asociaciones, empresas conjuntas, alianzas, participaciones minoritarias y acuerdos de intercambio de conocimientos con instituciones de diferentes sectores y con tecnologías diferentes. Algo que habría resultado increíble sólo cincuenta años atrás se está convirtiendo en una cosa corriente; alianzas entre instituciones de un carácter totalmente diferente, digamos una empresa con fines lucrativos y un departamento universitario, o el gobierno de una ciudad o un estado y una empresa contratada para realizar un servicio específico como la limpieza de las calles o la gestión de las cárceles.

Prácticamente, no hay ningún producto o servicio que tenga un uso o aplicación finales exclusivos ni su propio mercado. Los pagarés compiten con los préstamos mercantiles bancarios. El cartón, el plástico y el aluminio compiten con el vidrio por el mercado botellero. El vidrio está sustituyendo al cobre en los cables. El acero compite con la madera y el plástico para suministrar los pilares sobre los cuales se levanta una vivienda unifamiliar en Estados Unidos. Las rentas diferidas están apartando a un lado a los tradicionales seguros de vida, pero, a su vez, las compañías de seguros y no las entidades de servicios financieros se están convirtiendo en las gestoras de los riesgos comerciales.

Por lo tanto, quizás una «compañía vidriera» tenga que redefinirse por lo que hace bien más que por el material en que se especializaba en el pasado. Uno de los mayores fabricantes de vidrio del mundo, Corning, vendió su rentable empresa fabricante de productos de vidrio tradicionales para convertirse en la productora y proveedora número uno de materiales de alta tecnología. Merck, la mayor empresa farmacéutica de Estados Unidos, se diversificó, y pasó de fabricar medicamentos a vender, al mayor, cualquier clase de producto farmacéutico, la mayoría ni siquiera elaborados por ella y muchos hechos por sus competidores.

Lo mismo está sucediendo en los sectores no empresariales de la economía. Un ejemplo es el «centro de partos» independiente, gestionado por un grupo de tocólogos que compite con las salas de maternidad de los hospitales estadounidenses. Y Gran Bretaña, mucho antes de la llegada de Internet, creó la «universidad abierta» que permite conseguir una educación universitaria y un título sin pisar un aula ni asistir a una conferencia.

La empresa que viene

Hay algo que es casi seguro. En el futuro habrá no uno, sino diversos tipos de corporación. La empresa moderna fue inventada de forma simultánea, aunque independiente, en tres países: Estados Unidos, Alemania y Japón. Era una absoluta novedad y no guardaba parecido alguno con la organización económica que había sido la «empresa económica» durante milenios; la firma pequeña, de propiedad privada y dirigida de forma personal. En 1832, el *McLane Report*, de Inglaterra —el primer estudio estadístico de la empresa— descubrió que casi todas las firmas eran de propiedad privada y tenían menos de diez empleados. Las únicas excepciones eran organizaciones casi gubernamentales como el Banco de Inglaterra o la Compañía de las Indias Orientales. Sólo cuarenta años más tarde, había aparecido en escena un nuevo tipo de organización, con miles de empleados; por ejemplo, los ferrocarriles de Estados Unidos, construidos con apoyo federal y estatal, o el Deutsche Bank de Alemania.

Dondequiera que fuera, la empresa adquiría ciertas características nacionales y se adaptaba a ciertas normas legales propias de cada país. Además, en todas partes, las corporaciones de tamaño muy grande están gestionadas de una forma muy diferente a las pequeñas, dirigidas por su propietario. Y hay diferencias internas sustantivas en cultura, valores y retórica entre entidades de diferentes sectores. En todas partes, los bancos se parecen mucho y lo mismo puede decirse de los minoristas o los fabricantes, pero los bancos son, en todas partes, muy diferentes de los minoristas y los fabricantes. No obstante, aparte de eso, en todas partes, las diferencias entre las corporaciones son más de estilo que de fondo. Lo mismo sucede con todas las demás organizaciones de la sociedad moderna; los organismos gubernamentales, las fuerzas armadas, los hospitales, las universidades, etcétera.

Las cosas cambiaron alrededor de 1970, primero con la aparición de los nuevos inversores institucionales, como los fondos de pensiones y los fondos mutuos como nuevos propietarios, y luego, de forma más decisiva, con la emergencia de los trabajadores del saber como nuevo gran recurso de la economía y como clase representativa de la sociedad. El resultado ha sido un cambio fundamental en la corporación.

Un banco de la sociedad que viene no se parecerá ni estará administrado como un hospital. Pero cada banco puede ser muy diferente de los demás bancos, dependiendo de cómo responda a los cambios de personal, tecnología y mercados. Es probable que aparezcan una serie de modelos diferentes, especialmente en cuanto a organización y estructura, pero quizá también en cuanto a reconocimiento y recompensa.

La misma entidad legal —por ejemplo, una empresa, una entidad gubernamental o una gran organización sin fines de lucro— bien puede contener varias organizaciones humanas diferentes, entrelazadas, pero administradas de forma independiente y diferente. Es probable que una de ellas sea una organización tradicional con empleados que trabajan a jornada completa. Sin embargo, también puede haber una organización humana vinculada, pero gestionada independientemente, formada principalmente por personas de más edad que no sean empleados, sino asociados o afiliados. Y es probable que haya grupos «perimétricos», como las personas que trabajan para la organización, incluso a jornada completa, pero en tanto que empleados de un contratista externo o de un fabricante bajo contrato. Estas personas no tienen relaciones contractuales con la empresa para la que trabajan y ésta, a su vez, no tiene control sobre ellos. Quizá no tengan que ser «administrados», pero hay que hacer que sean productivos. Por lo tanto, tendrán que ser colocados allí donde sus conocimientos especializados pueden aportar el máximo. Pese a todo lo que se dice actualmente de la «gestión del saber», nadie sabe realmente cómo se hace.

Igualmente importante es que habrá que satisfacer a las personas pertenecientes a todas y cada una de esas categorías de la organización. Atraerlas y conservarlas se convertirá en la tarea fundamental de la gestión de personal. Ya sabemos lo que no funciona: el soborno. Durante los últimos diez o quince años, muchas empresas de Estados Unidos han utilizado las primas y las opciones de compra de acciones para atraer y conservar a los trabajadores del saber. Esto es algo que siempre falla.

Según un viejo proverbio, no puedes contratar una mano, el hombre entero viene siempre con ella. Pero tampoco puedes contratar a un hombre, su cónyuge viene siempre con él. Y ese cónyuge ha gastado ya el dinero cuando unos beneficios menores eliminan la prima o la caída en las cotizaciones bursátiles hace que la opción no valga nada. Entonces, tanto el empleado como su cónyuge se sienten resentidos y traicionados.

Por supuesto, los trabajadores del saber tienen que sentirse satisfechos con su paga, porque la insatisfacción con los ingresos y los beneficios es un poderoso desincentivador. No obstante, los incentivos son diferentes. La gestión de los trabajadores del saber debe basarse en el supuesto de que la corporación los necesita más de lo que ellos la necesitan a ella. Ellos saben que pueden marcharse. Cuentan con la movilidad y con la seguridad en sí mismos. Esto significa que tienen que ser tratados y dirigidos como voluntarios, del mismo modo que los voluntarios que trabajan para las organizaciones sin ánimo de lucro. Lo primero que esas personas quieren saber es qué trata de hacer la empresa y hacia dónde va. A continuación, están interesados en el logro y en la responsabilidad personales, lo cual significa que tienen que ser colocados en el puesto adecuado. Los trabajadores del saber esperan un aprendizaje y una formación continuos. Por encima de todo, quieren respeto, no tanto hacia ellos mismos como hacia su campo de saber. En ese aspecto, se han alejado varios pasos de los trabajadores tradicionales, que esperaban que les dijeran qué tenían que hacer, si bien últimamente se espera, cada vez más, que «participen». En cambio, los trabajadores del saber esperan tomar las decisiones en su propio campo.

De la corporación a la confederación

Hace ochenta años, GM creó tanto los conceptos como la estructura de la organización en los cuales se basan las grandes empresas actuales. También inventó la idea de una cúpula directiva distinta. Ahora está experimentando con una serie de nuevos modelos de organización. Se ha ido transformando, pasando de ser una corporación unitaria que se mantiene unida por el control ejercido por la propiedad a ser un grupo que se mantiene unido por el control de la gestión y en el cual, con frecuencia, GM sólo tiene una participación minoritaria. Ahora, la empresa controla pero no es propietaria de Fiat, uno de los fabricantes de automóviles mayores y más antiguos. También controla a Saab en Suecia y a dos fabricantes japoneses de menor tamaño, Suzuki y Isuzu.

Al mismo tiempo, GM ha eliminado buena parte de su actividad fabril derivando a una compañía separada, llamada Delphi, la fabricación de piezas y accesorios que, unidos, representan entre el 60 y el 70% de la producción de un coche. En lugar de ser la propietaria de las empresas proveedoras de piezas y accesorios, o por lo menos controlarlas, en el futuro, GM los comprará en subasta y por Internet. Se ha unido a sus competidores en Estados Unidos, Ford y Daimler-Chrysler, para crear una cooperativa de compras independiente que comprará para sus miembros a cualquier fuente que ofrezca el trato mejor. Y todos los demás fabricantes de automóviles han sido invitados a unirse a ellos.

GM seguirá diseñando sus coches, fabricando los motores y montándolos. También seguirá vendiéndolos a través de su red de concesionarios pero, además de vender sus propios coches, tiene la intención de convertirse en comerciante y comprador de automóviles para el usuario final, buscando el coche adecuado para ese usuario, sin importar quién lo fabrique.

El estilo Toyota

GM sigue siendo el mayor fabricante mundial de coches, pero durante los últimos veinte años, Toyota ha sido el de mayor éxito. Al igual que GM, Toyota está construyendo un grupo mundial, pero a diferencia de GM, lo ha organizado en torno a sus competencias fundamentales en fabricación. La compañía va dejando de tener múltiples proveedores de piezas y accesorios para encaminarse a no tener, finalmente, más de dos proveedores para una pieza dada. Estos proveedores serán compañías separadas e independientes, de propiedad local, pero en la práctica, será Toyota quien lleve sus operaciones de fábrica. Sólo se harán con el negocio de Toyota si aceptan la inspección y la «asesoría» de una organización de consultoría de fabricación de Toyota. Y ésta hará también la mayor parte del trabajo de diseño para sus proveedores.

No es una idea nueva. Sears Roebuck hizo lo mismo con sus proveedores en las décadas de 1920 y 1930. La británica Marks & Spencer, aunque ahora tenga graves problemas, fue el minorista de más éxito en el mundo durante cincuenta años y conservó su preeminencia, en gran parte, manteniendo un férreo control sobre sus proveedores. En Japón se rumorea que la intención final de Toyota es ofrecer su consultoría de fabricación a empresas ajenas al sector del automóvil y convertir sus competencias fundamentales en fabricación en un gran negocio independiente.

Todavía hay otro planteamiento que está siendo estudiado por un gran fabricante de productos de consumo etiquetados y envasados. Alrededor del 60% de los productos de la compañía se venden en los países desarrollados a través de 150 cadenas minoristas. La compañía planea crear una *web* mundial que recibirá los pedidos directamente de los clientes de todos los países, pedidos que serán recogidos directamente en el establecimiento que el cliente tenga más cerca o entregados a éste en su domicilio. Pero —y esta es la verdadera innovación— el sitio *web* también admitirá pedidos de productos de consumo envasados y etiquetados no competidores elaborados por otras firmas, especialmente más pequeñas. Esas empresas tienen dificultades para colocar sus productos en las estanterías de supermercado cada vez más atestadas. El sitio *web* de la multinacional podría ofrecerles el acceso directo a los clientes y la entrega a través de un gran detallista establecido. La compensación tanto para la multinacional como para el detallista sería que ambos conseguirían una comisión decente sin tener que invertir dinero propio, sin riesgo y sin sacrificar espacio de estanterías en beneficio de artículos con poca salida.

Hay un buen número de variaciones sobre este tema; los fabricantes por contrato, ya mencionados, que ahora elaboran sus productos para media docena de firmas competidoras japonesas de aparatos electrónicos de consumo; unos cuantos especialistas independientes que diseñan *software* para fabricantes competidores de *hardware*; especialistas independientes que diseñan tarjetas de crédito para bancos competidores y que, con frecuencia, también comercializan y liquidan las tarjetas para el banco. Lo único que éste hace es la financiación.

Estos planteamientos, por diferentes que sean, siguen teniendo a la corporación tradicional como punto de partida. Pero también hay nuevas ideas que eliminan por completo el modelo corporativo. Un ejemplo es un «sindicato» que están probando varios fabricantes de la Unión Europea, que no compiten entre sí. Todas las empresas participantes son de tamaño medio, de propiedad familiar y están dirigidas por el propietario. Todas son líderes en una línea de productos restringida y muy técnica. Todas dependen mucho de las exportaciones. Todas ellas tienen la intención de seguir siendo independientes y continuar diseñando sus productos por su cuenta; también continuarán haciéndolos en sus propias plantas para sus principales mercados y vendiéndolos en esos mercados. Pero para otros mercados, y especialmente para los países emergentes o menos desarrollados, el sindicato organizará la elaboración de los productos, sea en plantas propiedad del sindicato que producirán para varios de sus miembros o por medio de fabricantes locales contratados. El sindicato se encargará de la entrega de todos los productos de sus miembros y de su mantenimiento en todos los mercados. Cada socio tendrá una participación del sindicato y éste, a su vez, tendrá una pequeña participación del capital de cada socio. Si le suena conocido, es porque lo es. El modelo es la cooperativa agraria del siglo XIX.

◆ El futuro de la cúpula directiva

Según se encamina hacia una confederación o sindicato, la corporación necesitará, de forma creciente, una cúpula directiva que sea independiente, poderosa y responsable. Sus responsabilidades abarcarán la dirección, la planificación, la estrategia, los valores y los principios de toda la organización; su estructura y la relación entre los diversos miembros; sus alianzas, asociaciones y empresas conjuntas y su investigación, diseño e innovación. Tendrá que encargarse de la gestión de los dos recursos comunes a todas las unidades de la organización; el personal clave y el dinero. Representará a la corporación ante el mundo exterior y mantendrá relaciones con los gobiernos, el público, los medios y las organizaciones laborales.

La vida en la cima

Una tarea igualmente importante para la cúpula directiva de una gran empresa de la sociedad que viene será equilibrar sus tres dimensiones; su faceta económica, su faceta humana y su cada vez más importante faceta social. Cada uno de los tres modelos corporativos desarrollados durante el último medio siglo hacía hincapié sólo en uno de estos aspectos y subordinaba los otros dos. El modelo alemán de la «economía social de mercado» acentuaba la dimensión social, el modelo japonés destacaba la dimensión humana y el estadounidense («soberanía del accionista»), la dimensión económica.

Ninguno de los tres es adecuado por sí mismo. El modelo alemán alcanzaba tanto el éxito económico como la estabilidad social, pero al precio de un alto nivel de desempleo y una peligrosa rigidez de mercado. El modelo japonés tuvo un éxito asombroso durante veinte años, pero se tambaleó al primer escollo importante; en realidad, se ha convertido en un grave obstáculo para que Japón se recupere de su actual recesión. También la soberanía del accionista está condenada a perder pie. Es un modelo para los buenos tiempos que sólo funciona bien en épocas de prosperidad. Es evidente que la empresa sólo puede cumplir su función social y su función humana si prospera como negocio. Pero ahora que los trabajadores del saber se están convirtiendo en los empleados clave, una compañía necesita también ser deseable como empleadora para tener éxito.

Es paradójico que la reivindicación de la primacía absoluta de los beneficios empresariales que hizo posible la soberanía de los accionistas haya destacado también la importancia de la función social de la empresa. Los nuevos accionistas, cuya aparición desde 1960 ó 1970 fue la causa de esa soberanía, no son «capitalistas». Son empleados que tienen un interés en el negocio a través de sus fondos de jubilación y de pensiones. En el año 2000, los fondos de pensiones y los fondos mutuos han llegado a ser dueños de la mayoría del capital accionarial de las grandes compañías estadounidenses. Esto ha puesto en manos de los accionistas el poder para exigir recompensas a corto plazo. Pero la necesidad de unos ingresos seguros para el retiro irá concentrando la mente de todos en el futuro valor de la inversión. Por lo tanto, las corporaciones tendrán que prestar atención tanto a sus resultados a corto plazo como a su rendimiento como proveedores de beneficios para el retiro. Los dos no son irreconciliables, pero son diferentes y será necesario equilibrarlos.

A lo largo de la última o de las dos últimas décadas, la gestión de una gran corporación ha cambiado hasta hacerla irreconocible. Eso explica la aparición del «director general superhombre», como Jack Welch, de GE, Andrew Grove, de Intel o Sanford Weill, de Citigroup. Pero las organizaciones no pueden depender de un superhombre para que las dirija; la oferta es imprevisible y, además, demasiado limitada. Las organizaciones sólo sobreviven si pueden ser dirigidas por personas competentes que se tomen su trabajo en serio. Que hoy se necesite ser un genio para ser el jefe de una gran organización indica claramente que la alta dirección está en crisis.

Tareas imposibles

El reciente índice de fracasos de los principales ejecutivos de las grandes empresas de Estados Unidos apunta en la misma dirección. Una gran proporción de los directores generales nombrados en esas empresas en los diez últimos años fueron despedidos, por haber fracasado, al cabo de un año o dos. Pero todos ellos habían sido seleccionados por la capacidad demostrada y todos habían tenido mucho éxito en su anterior puesto. Esto indica que las tareas que asumieron se habían vuelto irrealizables. Los datos de Estados Unidos señalan que no se trata de un fallo humano, sino de un fallo del sistema. La alta dirección de las grandes organizaciones necesita un nuevo concepto.

Algunos elementos de ese concepto están empezando a aparecer. Por ejemplo, en GE, Jack Welch ha formado un equipo de alta dirección en el cual el director financiero y el director de recursos humanos de la compañía son casi iguales al director general y ambos están excluidos de la sucesión al puesto más alto. También se ha dado, a él mismo y a su equipo, una tarea prioritaria, clara y anunciada públicamente, en la que concentrarse. Durante sus veinte años en el puesto más alto, Mr. Welch ha tenido tres de esas prioridades y cada una le ha ocupado cinco años o más. En cada caso, ha delegado todo lo demás a la cúpula directiva de las empresas que funcionan dentro de la confederación de GE.

Asea Brown Boveri (ABB), una enorme multinacional sueca-suiza de ingeniería, ha adoptado un planteamiento diferente. Goran Lindahl, que se retiró del puesto de director general a principios de este año, fue incluso más lejos que GE al convertir cada unidad dentro de la compañía en un negocio mundial independiente y al formar un fuerte equipo de alta dirección con unas cuantas personas apartadas de la explotación. Pero también definió para sí mismo un nuevo papel como sistema de información, formado por un solo hombre, para toda la compañía, viajando incesantemente para llegar a conocer personalmente a todos los directivos de alto nivel, escuchándolos y explicándoles qué estaba pasando dentro de la organización.

Una empresa de servicios de buen tamaño probó otra idea; nombrar no uno, sino seis directores generales. El jefe de cada una de las cinco empresas operativas es también director general para toda la compañía en un sector de alta dirección, por ejemplo, planificación y estrategia corporativas o recursos humanos. El presidente de la compañía la representa ante el mundo exterior y, además, se ocupa directamente de obtener, asignar y gestionar el capital. Los seis se reúnen dos veces a la semana en tanto que comité de alta dirección. Parece funcionar bien, pero sólo porque ninguno de los cinco directores generales quiere el puesto del presidente; cada uno de ellos prefiere seguir en explotación. Incluso el hombre que diseñó el sistema y luego asumió el puesto de presidente duda que el sistema sobreviva cuando él ya no esté.

De modos diferentes, los altos directivos de todas estas empresas estaban tratando de hacer lo mismo; establecer la personalidad única de su organización. Y quizás esa sea la tarea más importante de la cúpula directiva en las grandes organizaciones de la sociedad que viene. En el medio siglo posterior a la Segunda Guerra Mundial, la corporación empresarial ha demostrado brillantemente que era una organización económica; es decir, creadora de riqueza y empleos. En la sociedad que viene, el mayor reto para la gran compañía —especialmente para la multinacional— puede ser su legitimidad social; sus valores, su misión, su visión. De forma creciente, en la corporación de la sociedad que viene, la cúpula directiva será, de hecho, la compañía. Todo lo demás puede contratarse fuera.

¿Sobrevivirá la corporación? Sí, en cierto modo. Algo parecido a una corporación tendrá que coordinar los recursos económicos de la sociedad que viene. Legal y quizá financieramente, puede que incluso tenga un aspecto muy similar a la actual, pero en lugar de haber un único modelo adoptado por todos, habrá una gama de modelos para escoger. Igualmente, habrá una serie de modelos de alta dirección para elegir.

◆ El camino que tenemos por delante

La sociedad que viene todavía no está aquí del todo, pero se ha acercado lo bastante como para pensar en tomar medidas en los siguientes terrenos:

La corporación futura

Las empresas —incluidas muchas no dedicadas a los negocios, como las universidades— deben empezar a experimentar con nuevas formas corporativas y llevar a cabo algunos estudios piloto, especialmente en lo relacionado con el trabajo con alianzas, socios y empresas conjuntas, y con la definición de nuevas estructuras y nuevas tareas para la alta dirección. También se necesitan nuevos modelos para la diversificación geográfica y de productos para las compañías multinacionales y para equilibrar la concentración y la diversificación.

Política de personal

La manera de la gestión del personal, en casi todas partes, da por supuesto que la fuerza laboral sigue formada, en gran medida, por personas que están empleadas por la empresa y que trabajan a jornada completa hasta que las despiden, se marchan, se retiran o mueren. Sin embargo, en muchas organizaciones, más de las dos quintas partes de quienes trabajan en ellas ni son empleados ni trabajan a jornada completa.

Los directores de recursos humanos también siguen dando por sentado que los empleados más deseables y de menor coste son los jóvenes. Especialmente en Estados Unidos, las personas mayores y, en particular, los directores y profesionales de más edad, han sido empujadas a una temprana jubilación para dejar paso a los jóvenes, que se cree que cuestan menos o tienen unos conocimientos más puestos al día. Generalmente hablando, al cabo de dos años, los costes salariales por empleado para los contratados jóvenes tienden a equipararse con los de los «vejetes» antes de que éstos fueran apartados, o incluso los pueden superar. El número de empleados asalariados parece aumentar tan rápido, por lo menos, como la producción o las ventas, lo cual significa que los nuevos contratados jóvenes no son más productivos que los antiguos. Pero, en cualquier caso, la demografía hará que la actual política sea cada vez más contraproducente y cara.

Lo que se necesita en primer lugar es una política de personal que abarque a todos los que trabajan para una empresa, tanto si están empleados por ella como si no es el caso. Después de todo, el rendimiento de cada uno de ellos importa. Hasta ahora, nadie parece haber dado con una solución satisfactoria para este problema. En segundo lugar, las empresas deben atraer, conservar y hacer productivas a las personas que hayan alcanzado la edad oficial de retiro, se hayan convertido en contratistas externos independientes o no estén disponibles como empleados permanentes a jornada completa. Por ejemplo, podría ofrecerse a personas mayores, con una especialización y educación de alto nivel, la posibilidad de una relación continua que las convierta en «personas de fuera en el interior», que conservan su habilidad y saber para la empresa, pero dándoles, al mismo tiempo, la flexibilidad y libertad que esperan y pueden permitirse.

Hay un modelo para esto, pero viene del mundo académico más que del empresarial; el profesor emérito, que ha dejado su cátedra y ya no recibe un salario. Es libre de dar tantas clases como quiera, pero sólo se le paga por lo que hace. Muchos profesores eméritos se retiran por completo, pero hasta la mitad de ellos siguen enseñando a tiempo parcial y muchos continúan investigando a jornada completa. Un arreglo similar bien podría convenir a los profesionales de más edad en una empresa. En la actualidad, una gran corporación estadounidense está ensayando un acuerdo así con los empleados de más edad, con cargos de alto nivel en sus secciones legales y fiscales, en investigación y desarrollo y en puestos de administración. Pero para el personal que realiza trabajos operativos, por ejemplo en ventas o fabricación, habrá que idear algo diferente.

Información externa

Quizá sea sorprendente, pero puede decirse que la Revolución de la Información ha sido la causa de que muchos dirigentes estén menos informados que antes. Tienen más datos, seguro, pero la mayoría de la información tan fácilmente disponible a través de la tecnología de la información se refiere a los asuntos internos de la compañía. Sin embargo, como ha mostrado este estudio, es probable que los cambios más importantes que afectan a una institución sean externos y los actuales sistemas de información no los recogen.

Una de las razones es que la información sobre el mundo exterior raramente está disponible de forma utilizable con un ordenador. No está codificada ni suele estar cuantificada. Por ello, el personal de la tecnología de la información y sus clientes, los ejecutivos, tienden a desdeñar esa información del mundo exterior por «anecdótica». Además, demasiados directores dan por supuesto, equivocadamente, que la sociedad que han conocido toda su vida seguirá siendo siempre la misma.

Ahora la información exterior está empezando a estar disponible en Internet. Aunque sigue teniendo una forma totalmente desorganizada, ahora es posible que los directivos pregunten qué información exterior les hace falta, como primer paso para idear un sistema adecuado para reunir información pertinente sobre el mundo exterior.

Agentes del cambio

Para sobrevivir y tener éxito, cualquier organización tendrá que convertirse en un agente del cambio. El modo más eficaz para gobernar el cambio con éxito es crearlo. Pero la experiencia ha demostrado que injertar innovación en una empresa tradicional no funciona. La empresa tiene que convertirse en un agente del cambio. Esto exige abandonar de forma organizada las cosas que han demostrado ser infructuosas y mejorar de forma organizada y continua todos los productos, servicios y procesos de dentro de la empresa (lo que los japoneses llaman *kaizen*). Exige explotar los éxitos, especialmente si son inesperados y no planeados y exige una innovación sistemática. Lo importante de ser un agente del cambio es que cambia la mentalidad de la organización entera. En lugar de ver el cambio como amenaza, el personal llega a considerarlo una oportunidad.

¿Y luego?

Hasta aquí nos hemos ocupado de un futuro que ya podemos ver cómo va tomando forma, pero ¿qué hay de las tendencias y acontecimientos futuros de los que ni siquiera somos conscientes? Si hay algo que podamos predecir sin temor a equivocarnos es que el futuro adoptará formas inesperadas.

Tomemos, por ejemplo, la revolución de la información. Casi todo el mundo está seguro de dos cosas sobre ella: primero, que se está desarrollando a una velocidad sin precedentes y, segundo, que sus efectos serán más radicales que nada sucedido anteriormente. Ambas ideas son erróneas. Tanto en su rapidez como en su impacto, la revolución de la información se parece asombrosamente a sus dos predecesoras de los últimos doscientos años, la Primera Revolución Industrial de finales del siglo XVIII y principios del XIX y la Segunda Revolución Industrial de finales del siglo XIX.

La Primera Revolución Industrial, impulsada por la máquina de vapor perfeccionada de James Watt a mediados de la década de 1770, tuvo un efecto inmediato en la imaginación occidental, pero no produjo muchos cambios sociales y económicos hasta la invención del ferrocarril en 1829 y del servicio postal prepagado y del telégrafo en la década siguiente. De forma similar, la invención del ordenador a mediados de la década de 1940, equivalente a la máquina de vapor para la Revolución de la Información, estimuló la imaginación de la gente, pero no fue hasta cuarenta años más tarde, con la difusión de Internet a finales del siglo pasado, cuando esa revolución empezó a provocar enormes cambios sociales y económicos.

Igualmente, hoy nos desconcierta y alarma la creciente desigualdad en ingresos y riqueza y la aparición de los «superricos», como Bill Gates, de Microsoft. Sin embargo, el mismo aumento súbito e inexplicable de la desigualdad y la misma aparición de los «superricos» de aquel momento, caracterizó tanto la Primera como la Segunda Revolución Industrial. En relación con los ingresos y la riqueza medios de su época y de su país, aquellos primeros «superricos» lo eran mucho más que Bill Gates comparado con los ingresos y la riqueza medios de Estados Unidos hoy.

Estos paralelismos son lo bastante cercanos y asombrosos para hacer que resulte casi seguro que, como sucedió en las anteriores revoluciones industriales, los principales efectos de la Revolución de la Información sobre la sociedad que viene todavía están por producirse. Las décadas del siglo XIX que siguieron a las dos revoluciones industriales fueron los periodos más innovadores y fértiles desde el siglo XVI en cuanto a la creación de nuevas instituciones y teorías. La Primera Revolución Industrial convirtió la fábrica en la organización de producción fundamental y en la principal creadora de riqueza. Los obreros de fábrica se convirtieron en la primera nueva clase social desde la aparición de los caballeros con armaduras, más de mil años antes. La casa Rothschild, que surgió como la potencia financiera dominante en el mundo después de 1810, no sólo fue el primer banco de inversiones, sino también la primera compañía multinacional desde la Liga Hanseática y los Medici en el siglo XV. La Primera Revolución Industrial dio lugar, entre muchas otras cosas, a la propiedad intelectual, la constitución universal de sociedades, los sindicatos, las cooperativas, la universidad técnica y la prensa diaria. La Segunda Revolución Industrial produjo la moderna administración pública y la moderna corporación, el banco comercial, las escuelas de negocios y los primeros puestos de trabajo para las mujeres fuera del hogar.

Las dos revoluciones industriales engendraron también nuevas teorías y nuevas ideologías. *El Manifiesto Comunista* fue una respuesta a la Primera Revolución Industrial; las teorías políticas que unidas moldearon a las democracias del siglo XX —el Estado del bienestar de Bismarck, el socialismo cristiano y los fabianos en Gran Bretaña, la reglamentación de las empresas en Estados Unidos— fueron todas respuestas a la segunda. Y también lo fue la «gestión científica» de Frederick Winslow Taylor, que se inició en 1881, con su explosión de productividad.

Grandes ideas

Con la Revolución de la Información surgieron nuevas instituciones y nuevas teorías. Las nuevas regiones económicas —la Unión Europea, la NAFTA y la propuesta Zona de Libre Comercio de Norteamérica— no son ni tradicionalmente de libre comercio ni tradicionalmente proteccionistas. Intentan alcanzar un nuevo equilibrio entre los dos y entre la soberanía económica del Estado nacional y la toma de decisiones económicas supranacional. Igualmente, no hay ningún precedente real para los Citigroups, los Goldman Sachs ni los ING Baring que han acabado dominando las finanzas mundiales. No son multinacionales, sino transnacionales. El dinero con el que negocian está, casi por completo, fuera del control del gobierno o el banco central de cualquier país.

Y luego está el rebrote de interés en los postulados de «desequilibrio dinámico» de Joseph Schumpeter como única situación estable de la economía; de «destrucción creativa» del innovador como fuerza impulsora de la economía y de la nueva tecnología como principal, si no único, agente del cambio económico; la pura antítesis de todas las teorías económicas imperantes basadas en la idea del equilibrio como norma de una economía sana, las medidas fiscales y monetarias como impulsoras de la economía moderna y la tecnología como «factor externo».

Todo esto señala que, casi con total seguridad, los mayores cambios están todavía por llegar. También podemos estar seguros de que la sociedad del 2030 será muy diferente de la actual y que guardará escaso parecido con la pronosticada por los futurólogos más populares. No estará dominada y ni siquiera moldeada por la tecnología de la información. La TI será, por supuesto, importante, pero será sólo una de varias nuevas tecnologías importantes. La característica fundamental de la sociedad que viene, como lo fue de sus predecesoras, serán nuevas instituciones y nuevas teorías, ideologías y problemas.

(2001)

Agradecimientos

Siempre publico previamente los capítulos de un volumen de ensayo como éste en revistas, sea en forma de artículos o de entrevistas. Esto me proporciona una revisión profesional por parte de los redactores de las revistas en las que aparecen los escritos y de los entrevistadores profesionales. Es «retroalimentación» de una calidad y discernimiento que no podría conseguir de ninguna otra manera. Sólo tiene un ligero inconveniente; las cifras y datos estadísticos de cada artículo son los del año en que se publicó inicialmente, en lugar de ser los del año en que aparece como capítulo de este libro. Sin embargo, ponerlos al día sólo podría causar confusión. Y en ningún caso ha habido cambios en las tendencias que esas cifras ilustran. De ahí que (como ya decía en el prefacio) mi editor y yo creyéramos preferible no actualizarlas, preferimos, en cambio, indicar en el libro cuándo se publicó cada capítulo por vez primera, lo cual permite asimismo que el lector juzgue por sí mismo si mi diagnóstico de los acontecimientos fue acertado o si, por el contrario, lo sucedido posteriormente ha invalidado mis tesis. Y, de acuerdo con mi editor, he decidido no cambiar nada en ningún capítulo, excepto para corregir errores tipográficos y ortográficos y, en algunos casos, para cambiar el título (usualmente sustituyendo el del redactor de una publicación dada por el mío original para ese artículo). Por lo demás, cada capítulo aparece tal como fue escrito originalmente. Y en cualquier caso, las cifras disponibles más recientes —las del 2000 y el 2001— pueden encontrarse aquí en las secciones de publicación más reciente, especialmente en la Cuarta parte.

Más de la quinta parte del contenido de este libro fue publicado en primer lugar por *The Economist* (Londres): el capítulo 4 («Comercio electrónico. El desafío fundamental»), en *The Economist Yearbook* del año 2000; el capítulo 9 («Servicios financieros. Innovar o morir») en la propia revista en el año 1999, y el capítulo 15, toda la parte final («La sociedad que viene»), como *Economist Survey* a finales del otoño del 2001. Cuatro capítulos fueron publicados previamente en forma de entrevistas: el capítulo 2 («El explosivo mundo de Internet»), en *Red Herring*, 2001; el capítulo 5 («La Nueva Economía aún está por llegar») en *Business 2.0*, 2000; el capítulo 7 («Los nuevos empresarios y la innovación») en *Inc. Magazine*, 1996; y el capítulo 10 («¿El capitalismo está superado?») en *New Perspectives*, 1998. Dos capítulos, el 12 («La economía global y el Estado-nación») y el 13 («Es la sociedad, idiota») fueron publicados en *Foreign Affairs* (en 1997 y 1998, respectivamente). El capítulo 6 («El director general en el nuevo milenio») se publicó en *Viewpoint*, 1997; el capítulo 3 («Desde saber de informática a saber de información»), en *Forbes/ASAP*, 1998; el capítulo 14 («Civilizar la ciudad») en *Leader to leader*, 1998); el capítulo 1 («Más allá de la Revolución de la Información») en *Atlantic Monthly*, 1999; el capítulo 11 («El auge de las grandes instituciones») en *The Wall Street Journal*, 1999 y el capítulo 8 («No son empleados, son personas») en *Harvard Business Review*, 2002. Quiero expresar mi gratitud a los editores de estas publicaciones y a los cuatro entrevistadores por sus preguntas, sus críticas, sus cambios en la redacción y sus recomendaciones.

Y, al igual que sucede con anteriores volúmenes míos de ensayos, éste tiene una enorme deuda con mi editor de muchos años, Truman M. Talley, de Truman Talley Books. Ha sido mi guía y mi consejero en la elección de los temas y en la decisión de la estructura final del libro. Mis lectores y yo le debemos un profundo agradecimiento.